LINK 大时代

玩商系列丛书

吴明远 李利珍 ◎ 著

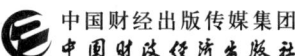

中国财经出版传媒集团
中国财政经济出版社

图书在版编目（CIP）数据

LINK 大时代 / 吴明远，李利珍著. —北京：中国财政经济出版社，2017.9

（玩商系列丛书）

ISBN 978-7-5095-7675-5

Ⅰ. ①L… Ⅱ. ①吴…②李… Ⅲ. ①网络营销–研究 Ⅳ. ①F713.365.2

中国版本图书馆 CIP 数据核字（2017）第 200229 号

责任编辑：周水琴　　　　责任印制：刘春年
责任校对：徐艳丽　　　　版式设计：丁丁图文

中国财政经济出版社 出版

URL: http://www.cfeph.cn
E-mail: cfeph@cfeph.cn

（版权所有　翻印必究）

社址：北京市海淀区阜成路甲28号　邮政编码：100142
营销中心电话：010-88190406　北京财经书店电话：010-64033436
北京时捷印刷有限公司印刷　各地新华书店经销
787×1092 毫米　16 开　13 印张　148 000 字
2017 年 9 月第 1 版　2017 年 9 月北京第 1 次印刷
定价：39.80 元
ISBN 978-7-5095-7675-5
（图书出现印装问题，本社负责调换）
本社质量投诉电话：010-88190744
反盗版举报热线：88190492　88190446

序
PREFACE

马克斯·普朗克获得诺贝尔奖之后,到德国各地做演讲,每次讲的内容大同小异,都是关于新的量子物理理论的。时间一久,他的司机记住了讲座的内容,司机说:"普朗克教授,我们老这样也挺无聊的,不如这样吧,到慕尼黑让我来讲,你戴着我的司机帽子坐在前排,你说呢?"普朗克说:"好啊。"于是司机走上讲台,就量子物理发表了一通长篇大论。后来有个物理学教授站起来,提了一个非常难的问题。演讲者说:"哇,我真没想到,我会在慕尼黑这么先进的城市遇到这么简单的问题。我想请我的司机来回答。"

这是著名投资大师查理·芒格喜欢讲的一个笑话,他说,讲这个故事并不是为了表扬主角很机敏。而是他认为这个世界的知识可以分为两种:一种是普朗克知识,他属于那种真正懂的人,他们付出了努力,他们拥有那种能力。另外一种是司机知识,他们掌握了鹦鹉学舌的技巧,他们可能有漂亮的头发,他们的声音通常很动听,他们给人留下深刻的印象,但其实他们拥有的是伪装成真实知识的司机知识。

这是个令很多人印象深刻的见解,在这个信息严重泛滥、知识和思考高度碎片化的时代,我们的大脑充斥着"司机式的知识",更可悲的是,我们总是在不知不觉中得到这种知识,并因此而洋洋得意。有时我们不得不感慨，世界变得如此肤浅，到底什么时候我们丢掉了深刻和智慧？

在这样的情况下，我看到这本书，很是惊喜。这本书的内容纵横跨越，很有历史穿越感，从人类细胞进化写到未来人工智能，浩荡不凡，也许在细节上没有"挖地三尺"式的深刻，但在观点上却很新颖，拥有一种全新的视角和逻辑。本书作者吴明远吴总也是我的朋友，他非常大胆智慧地用"LINK"这个词解释了人类世界的进化发展，观点新锐而富有哲理，堪称经过深思熟虑的"普朗克式知识"，是属于那种拥有"方法论"内核的知识，值得所有人好好阅读。

哲学家喜欢问：我们是谁，来自哪里，到哪里去？这被认为是终极问题。不过，这本书回答的问题是：我们为什么来，为什么要去向那里？这对于现代人来说，是不是一个更有意义的问题呢？正如书中所写，了解这些或许不能改变我们的终点，但却能改造我们到达终点的路线。

同时，这本书也给了我另外一个启发：我们的社会效率由交互效率决定，那么又是什么一直在决定和改变着LINK效率呢？从现在的眼光看，我认为是技术。因为有了航海技术的发展，才有了波澜壮阔的地理大发现。因为有了机械技术的进步，才有了促成人类飞跃的工业革命。因为有了互联网技术的发展，才使得我们达到无限LINK的资源交互状态……我们的时代，正在被区块链、DT、VR、IOT、AI等技术重建，它们将改造社会秩序、财富以及人们的生存方式，甚至价值观，这就是为什么我们一直在基于区块链等新技术在贵阳实践众筹交易构建的重要原因，这方面我们和吴总还有某些很有前景的合作。

序
PREFACE

最后,希望读到这本书的朋友同我一样,能拥有收获"普朗克式知识"的乐趣,享受读书的好时光。

刘文献

2017 年 7 月

> 刘文献,北京特许经营权交易所董事长、贵阳众筹金融交易所董事长、FDS 中国资本创始人、世界领筹金融集团主席、中国电子商务协会互联网金融专委会理事长、区块链金融协会会长。

目 录
CONTENTS

第一章　LINK 进化论　　　001

第一节　世界由方至圆　　　003
世界本圆　　　003
迁徙的生灵　　　006
信息一旦 LINK　　　009

第二节　商业形态的 LINK 进化　　　013
商人的链式进化　　　014
谁在一统江湖　　　018
著名的溃败　　　025

第三节　IOE，万物互联时代　　　031
玩商为何是 N 型？　　　032
主动进化　　　035

第二章　LINK 开辟大时代　　　039

第一节　大航海时代　　　041
欧洲大陆 LINK 则市场 LINK　　　041
LINK 出的世界强国　　　045
郑氏的遗憾　　　049

第二节	工业革命时代	052
	机器时代	052
	科学从响应到定制	056
	人类告别田园牧歌	060
第三节	信息革命时代	064
	NEW—创世纪	064
	人和机器的第二次握手	068
	人类在变蠢吗？	072
第四节	智能革命时代	074
	加速回报定律	075
	人类与机器最后的握手	078

第三章　大世纪的关键环节（KEY LINK） 083

第一节	黄金，原始硬通货	085
	人类选择了黄金（Au）	085
	黄金—贸易—文明	088
	起于 LINK，止于 LINK	091
第二节	英镑，百年霸权	094
	与黄金紧密 LINK	094

	日不落帝国	097
	为什么不是荷兰盾或法郎	099
第三节	**美元，世界货币**	103
	美元晋升美金	103
	美金篡权黄金	106
	美元挑战者	109
第四节	**数字货币，未来世界**	114
	自由的献礼：比特币	115
	货币自由主义＝未来？	119

第四章　LINK 效率即财富效率　　　123

第一节	**公司的力量**	125
	发明公司	125
	公司高效 LINK 资本	130
	权力的转移	133
第二节	**华尔街崛起**	138
	高效财富 LINK 美国	139
	高效 LINK 工具	143
	"贪婪是好的"	147

| 第三节 | 数据化 = 高效 LINK | 150 |

一切数据化 150

数据资产化 156

第五章 玩商，LINK 的 IOE 时代 161

第一节 新线上协议时代 163

区块链式协议 163

技术性授信 166

第二节 产业由 DT 到 IOT 到 IOE 169

从数据到产业的演变 169

LINK 新方式：M2M 173

第三节 商业的 G2G 时代 177

IOE 及 G2G 时代 177

已经消失和即将消失 181

第四节 未来正来 186

人类的未来 187

文明的未来 190

后　记 193

参考文献 197

第一章 LINK 进化论

◇ LINK 的效率，决定着生命进化的层级。

◇ 在万物进化中，人类拥有最为强大的 LINK 能力圈，对生命网体现出最大的依赖性。

◇ 原生世界通过自然选择，完成 LINK 进化，而人通过主动选择，完成社会进化。

◇ 商业形态的 LINK 进化，最终造就资源无界限极速交互的 IOE（万物互联）时代。

◇ IOE 所代表的 N，即是 Nothing is everything！

◇ 人类进化的终点，就是将人与机器完全 LINK，产生更聪明的人和更聪明的机器，并不可避免地互相影响。或者由此进化出新智能生命，并最终取代人类现有地位。

第一节　世界由方至圆

尽管达尔文并没有在他的进化论中说明,但生命确实在 LINK 中完成了进化。

LINK,即连接。

对于所有生命来说,LINK 的效率,决定着生命进化的层级。在这个广大的进化金字塔中,由于复杂社交需要,率先拥有心智的人类长久霸占着塔尖位置。

人类由群体 LINK 为社会,而社会又通过有效的 LINK 完成高能进化,时至今日人类极度互联网化生活所缔造的未来前景,早已让曾经同阶进化者望尘莫及,但人类并未因此停止脚步。

人类在 LINK 的道路上进行无止境的奔波,直到有一日,AI(人工智能)取代人类在进化链上的位置。

○ 世界本圆

1979 年 12 月,气象学家洛伦兹(Lorenz)在华盛顿美国科学促进会的一次讲演中提出：一只蝴蝶在巴西扇动翅膀，有可能会在美国的得克萨斯引起一场龙卷风。他的演讲和结论给人们留下了极其深刻的印象。从此以后，所谓"蝴蝶效应"之说不胫而走，成为混沌理论最具"民间性"的代名词，并令世人着迷于世界的非线性解读。

在看似毫无相关相去万里的两个事物当中，却存在着曼妙的联系，小到尘世微粒，大到广袤宇宙，无不环裹于此。混沌理论发现的现象、提供的概念和方法涉及并推动了几乎所有科学领域的变化，深刻融入物理学和应用数学当中，甚至在众多的证券操作理论中，都有混沌理论的大批拥趸，并总结为：过程的可推导和结果的不可预知。

世界本圆，万物相连，宏观上的混沌，在微观上则具象为"共同进化"。大自然的生态连接，甚至可以确切为一对一的对应进化，每一个物种，都有它们奇妙的生命网。生命网的大小，即代表着这个物种的 LINK 能力圈。

卡尔·齐默（Carl Zimmer）名著《演化：跨越 40 亿年的生命记录》[①] 中将共同进化定义为"编织生命的网"，并列举了一种在马达加斯加森林中顽强活着的濒危物种：圣诞之星，一种奇特的兰花。在它苍白的花朵上，有一片花瓣形成深达 16 英寸即 40.64 厘米的长管，甜蜜的花蜜就藏在这根深邃管道的最深处。

这份极其隐秘和难以获取的甜蜜是为谁准备的呢？共同进化早就为它准备了"专属套装"，一种拥有细长口器的蛾子，在兰花的秘密管道上空盘旋，本来卷曲如弹簧的口器开始充血，血压迫口器伸直，展开足足 16 英

---

① 参考资料：卡尔·齐默：《演化：跨越 40 亿年的生命记录》第八章。

第一章
LINK 进化论

寸（40.64厘米），比蛾子的身体还长，却刚好触及兰花的甜甜秘境。在它们大快朵颐的同时，前额也不可避免地沾满花粉，于是，当它们飞向下一处秘境时，前额的花粉便擦落在另一朵花上，替兰花完成了神圣的基因传递。

一对物种，LINK关系如此紧密，使得这两个物种都能在激烈的竞争环境中延续自己的族群。兰花与蛾的伙伴关系，并非一开始便由上帝精密计算后的设置，而是经过持续不断的进化，彼此"海选"出来的。生物科学家们已经发现，每一代植物都会针对昆虫调整自己的防御武器，而昆虫也在进化出新的方法，克服植物的防御。

相互LINK催生的共同进化，被看作是塑造生命最强大的力量之一。而共同进化的伙伴关系，形成广泛矩阵，覆盖了自然界所有物种，包括人类自己。

例如，依赖蝙蝠授粉的花则选择在夜间开放，以配合蝙蝠"夜班"作息规律。这种对应LINK不仅表现在互助双赢的伙伴中间，在敌我关系中也普遍存在。

比如病毒与宿主这对敌对CP，毒性强大和毒性微弱的病毒都不具备选择优势，只有那些不容易导致宿主死亡的病毒，才有机会长时间参与宿主的共同进化。在这个漫长的过程当中，病毒逐渐获得逃避宿主免疫系统攻击的能力，相对的，也会对宿主伤害越来越小。一个明显的例子就是肝炎病毒，往往在感染几十年后才会导致病人死亡。而另一些疱疹病毒，甚至可以伴随人类一生而不产生明显症状。

LINK的宽容度越高，LINK的关系就可以越亲密，彼此相互进化得也就越好，生命网也就越牢固。

这是自然的本质。

而人类是古往今来所有生物之中，共同进化最极致的物种，其依赖生命网的程度，远超过任何其他物种，即拥有最为强大的 LINK 能力圈。

生命从来都不是单独存在的，一切的降生、生长、繁茂和湮灭，都与另外的一切紧密 LINK。

○ 迁徙的生灵

人类出现在地球上已有 300 多万年历史，如果把地球 46 亿年的寿命比作一天，人类的登场时间又是在什么时间呢？

法国科学家里夫把 46 亿年进化史压缩为一天。在这 24 小时的前 1/4 时间里，地球几乎是一片死寂；直到清晨 6 点钟的时候，最低级的藻类才开始在海洋中出现，而且它们持续的时间最长；这样一直到晚上 8 点钟，软体动物们开始出现在海洋与湖泊当中；深夜 11 点半，庞然大物恐龙出现了，然而仅仅"表演"了 10 分钟便匆匆谢幕；在最后的 20 分钟里，世界真正的王者哺乳动物出现了，并且迅速地分化；到 11 点 50 分，灵长类祖先终于登台，并抓住最后不到两分钟的时间，将大脑容量扩大了 3 倍，进化为顶层物种——人类。

确切地说，人类在这一天的登场时间尚且不足 1 分钟，但在这短短一瞬间，人类却创造了比任何物种都辉煌的文明。而这种创造的征程，起源于时至今日都未停止的迁徙活动。

人类最伟大的迁徙，存在两种形式，他们先后存在，同时又互为因果。

第一种大迁徙，发生在人脑皮层当中，即神经元的大迁徙。

第一章
LINK 进化论

位于巴尔的摩的约翰·霍普金斯大学神经科学教授，《偶然的心灵》（*The Accidental Mind*）一书的作者大卫·林登，说："在进化过程中，如果你能改进现有的东西，就永远不会去创立新的东西……进化就是极端的修修补补，极端的小气。"而我们人类的大脑"一直就是以水母、蜥蜴和老鼠的零件拼凑起来的。这些零件在原主那里可能还行，但做人脑可不太理想"。以脑细胞为例，"它们反应缓慢，效率不高。还会向它们的邻居泄漏信息，"林登说，"因此，如果你想用这些不太优化的零件，构建一个聪明的大脑的话，唯一的方法是在零件相互之间建立巨大的、大量的联线。"

换言之，大脑进化的秘密，就是内部神经元的网状 LINK。

现代脑科学家告诉我们，人脑发育最精彩的事件之一就是神经元大迁徙（migration），大量的神经干细胞从发源地大规模地向大脑皮层迁徙，皮层神经元起初生在某一个地方（管事区），长期定居和工作的又是另一个地方（新皮层各个脑区），从出生地到定居地之间就是一场有序的规模迁徙，最后生成一种脑皮层神经网络化结构。发育成熟后的人脑网络有 100 多亿个神经细胞，彼此互联，连接成网。人脑的神经细胞回路比今天全世界的电话网络还要复杂 1400 多倍，人体内有 45 英里（约 72 公里）长的神经。

深藏颅腔内的 LINK，使得人类能够获取足够的智能，开始另外一种迁徙，并最终超越和掌控所有物种。

第二种大迁徙，发生在物理空间中，即人类生物圈大迁徙。

如果我们翻开人类进化地图就会惊奇地发现，除了南极洲，这颗蓝色星球上陆地的每个角落、海洋中的所有岛屿，几乎都有人居住过。人类与其他物种在进化过程中的一个巨大区别，就是只有人打破了地域、气候、环境的屏障，用直立的双腿 LINK 了所有陆地海洋，并最终占领这个星球。

大约在 170 万年前，东非直立人获得了"人类最早迁徙者"的桂冠，他们离开草原开始旅程，并循着温暖的气候来到了今天的亚洲，建立新的家园，繁衍后代。这种和陌生大陆的 LINK 一旦开始，便再未停止。为了寻找更多的食物和更适合打猎的宜居地区，史前人类源源不断地奔向他们可以到达的任何陌生地区。大约在 70 万年前，今天的欧洲大陆也被迁徙者们占领，他们被人类历史学家命名为"前人"。

欧、亚、非大陆的迁徙持续了 60 多万年，这种漫长而缓慢的流动，在大约 15000 年时，才改变了方向。人类拓展了新大陆——美洲大陆，而这时候的人类祖先已经长成了现代人的样子，也就是所谓的"智人"。科学家们猜测，最先是由亚洲的"智人"走过寒冷的西伯利亚极地，穿过白令海峡，最后登上了美洲大陆。

最早从非洲迁徙出来的人类开始在各大洲定居下来，并获得了与居住环境相适应的人种性状的突变，出现四大人种：黄色人种、白色人种、黑色人种和棕色人种。黄色人种繁衍在亚洲大部，欧洲的中部、东部和北部，还有南、北美洲。白色人种居住于欧洲西部、非洲北部和东北部，以及亚洲的西部和西南部区域。近代的哥伦布发现新大陆后，白色人种才大批迁入美洲。黑色人种出现在非洲西部和西南部，而棕色人种则分布于澳洲一带。

陆地的迁徙，是人类最原始的资源 LINK 行为。

更多的 LINK，得以获取更多的资源，也得以在族群与族群、人种与人种，乃至人与人之间相互竞争当中处于优势地位。后来的大航海时代，新大陆及种族迁徙莫不如是，直至现代社会，迁徙活动仍旧蔚为大观。例如，每年在中国上演的春运高峰，是现代社会规模最大、周期性最强的集体迁徙活动。见图1-1。

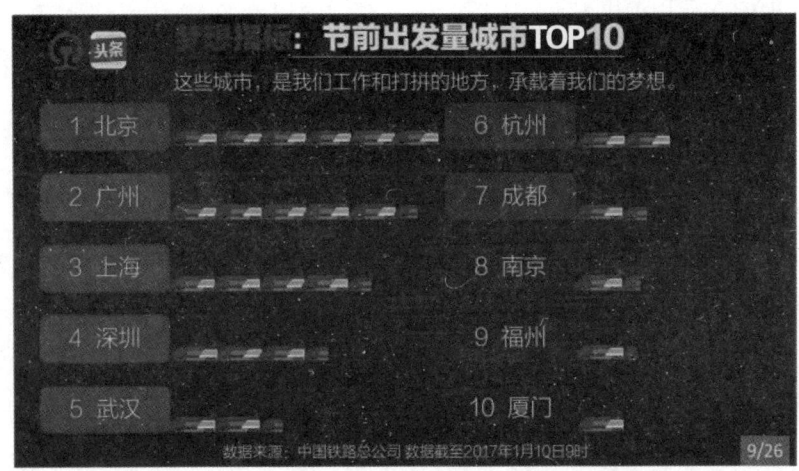

图1-1　2017春运节前出发城市TOP10

资料来源：中国铁路总公司

在2017年，被称为中国人"年度迁徙"的春运自1月13日正式拉开大幕，一直持续到2月21日，一共40天。期间全国旅客发送量达到30.28亿人次，同比增长2.3%。其中，铁路运输旅客将达到3.56亿人次，增长9.7%。北上广深，是中国年轻人最喜欢LINK人生资源的城市，塑造了"漂一代"群体。

○ 信息一旦LINK

在生态环境的原始LINK和空间迁徙LINK之外，人类进化依赖于另外一种LINK形式，那便是信息的LINK。

对于伟大的人类来说，信息LINK的进化基础是语言和传播工具。没有语言，就没有今天的人类。从传播学的角度来说，语言的产生，是完成从动物传播到人类传播之巨大飞跃的根本标志。所以，语言的产生是真正意义上的人类传播的开始。

据考古发现，在人类漫长的进化史上，最先出现的尼安德特人在没有天灾人祸的情况下竟奇怪地绝种了，而后起的克罗马农人却成了人类最直接的祖先。一个十分有力的推论是：前者没有语言，而后者创造了语言。

语言作为LINK的基础，传递着至关重要的经验和知识，在一些至关重要的生存问题上进行必要交流，这些使得人类在智能上得以不断积累，科学家们甚至认为：语言的产生，是人类第一次传播革命的直接推动力，也是猿与人的分界线，其意义远远大于我们的远祖第一次直立行走和离开森林。

信息LINK进化，一共经历了五个时代，它们分别是：

第一次信息LINK革命：口语传播时代。在大约35000年前，克罗马农人开始张嘴说话，这使得近距离连接变成可能，大大提升了人类的思维能力，对世界的改造、适应和认知能力。

第二次信息LINK革命：文字传播时代。大约5000年前，世界若干地方开始出现文字发明。如两河流域、埃及、中国等地。公元前4000年，古代两河流域和埃及出现了将图画象形化、表形化的文字，即最早的象形文字。而文字，引导人类由"野蛮时代"迈入"文明时代"。

第三次信息LINK革命：印刷传播时代。公元105年前后，中国发明了造纸术。公元8世纪，造纸术传入阿拉伯。12世纪时传入欧洲，14世纪时欧洲各国才普遍使用纸。而印刷技术的进步，直接促使了早期欧洲冒险家拉开大航海时代序幕，信息的 LINK，导致了地理的 LINK，并最终导致世界财富的重新分配，奠定今天全球政治经济格局。

第四次信息 LINK 革命：电子传播时代。以广播和电视为主体的电子传播，不仅彻底突破了时间和空间的限制，使信息传播瞬息万里，而且挣脱了印刷传播中必不可少的物质（书、报、刊）运输（通过人及交通工具将印刷品送到读者手中）的束缚，为信息传播开辟了一条便捷、高效、省钱、省力的空中通道。

第五次信息 LINK 革命：网络传播时代。进入 20 世纪 80 年代以后，社会形态、经济结构的巨大变化导致了全球化、信息化趋势的出现。

我们正生活在一个信息无处不在、无限碎片化及泛滥的时代，此一秒钟正在发生的事情，可以通过互联网传递到全球各个角落。与此同时，信息本身成为"与物质和能源同等重要，甚至比之更加重要的资源，整个社会的政治、经济和文化以信息为核心价值而得到发展"。只要人们愿意，就可以在互联网寻找他们想要找到的任何东西，甚至将人类自己"打包"成计算机数据"存储"在某个云空间中，以进行实时更新或调取。

我们将要或者说正在经历第六次信息 LINK 革命：数据传播时代。

互联网和物联网的蓬勃发展，带来数据量的爆发。在过去的十年中，全球每年产生的数据量以 50% 以上的 CAGR（复合年增长率）增长，据 IDC（中信证券研究部）预测，2020 年全球产生数据量将超过 40ZB，相当于地球上每个人产生 5200GB 的数据（见图 1-2）。而基于海量数据深度学习的人工智能新浪潮会塑造一个全新时代，包括全新的人类。

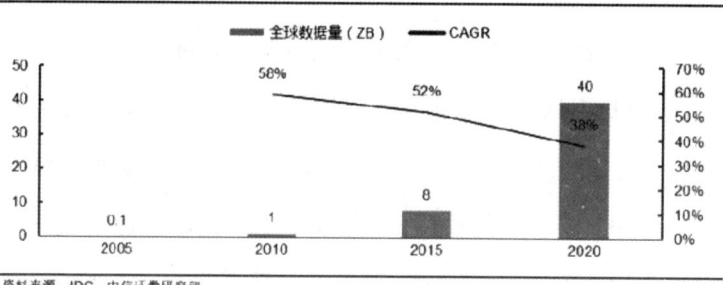

图 1-2 数据大爆发时代

资料来源：IDC，中信证券研究部

《时间简史》作者、牛津大学历史学博士尤瓦尔·赫拉利，在其另一著作《未来简史》中预言：人类正由智人向"神人"进发，站在算法背后的精英将成为追求永生、追求幸福的"神人"；在未来的社会中，普通人服从于算法，算法服从于"神人"；而算法的升级则来源于万物之网产生的数据，万物之网将独立于一般意义上的人类存在，万物连接，数据流动。这是属于人类的大 LINK 时代。

在那一时刻到来时，人们就不会困扰于自己活在社交 APP 当中，因为人类和数据进行了从未有过的 LINK 重组，新的 AI 人类出现了。

第二节　商业形态的 LINK 进化

形同人类的 LINK 进化，人类中的一部分精英分子——商人，也有自己的 LINK 进化链条。他们从坐商转变为行商，再由行商到电商，而后进化为玩商。见图 1-3。

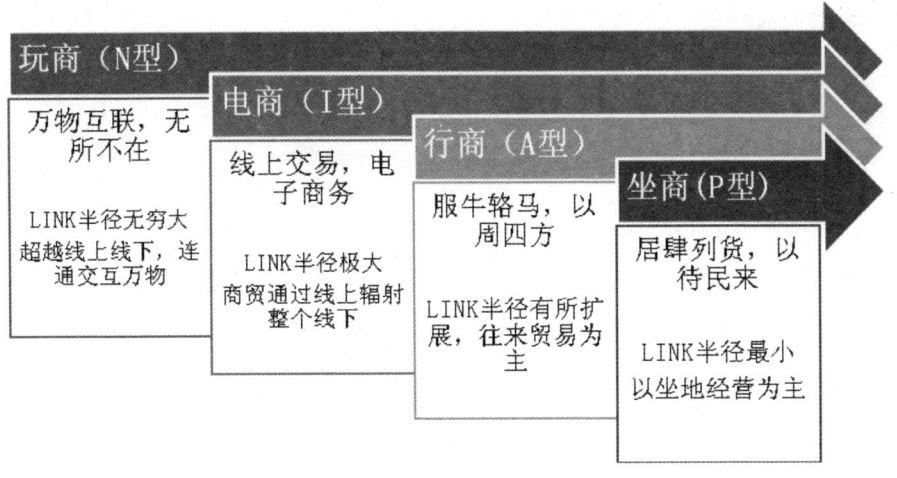

图 1-3　商业形态的 LINK 半径分布

商业的本质是逐利，社会越发达，LINK 的效率越高，连接的资源越丰富，商业的形态也就越高级。

○ 商人的链式进化

在商人的链式进化中，分别有坐商、行商、电商、玩商登场，它们分别代表着不同生态的商业形态，在人类历史长河中交相辉映，彼此映衬。

坐商时代，造就了很多"金字招牌"式的"百年老号"，是 P（PLANT）型商业，即植物型。其形态为坐地开店，居肆列货，以待民来，其商业经营策略是内敛的、被动的、强烈依赖经营地点及商贸圈，LINK 半径的局限性，注定了辐射圈和服务圈都相对有限。但也正因为如此，商人反而注重自身品牌的严格塑造，通过优质商誉积累来达到招揽顾客并产生有效消费黏性的效果。

例如"百年老号"同仁堂，便由祖籍浙江宁波的乐氏家族始创于 1669 年，至今已有 348 年的历史。

乐氏在明朝永乐年间随朱棣迁都来到北京，最初以摇串铃走街串巷行医、卖小药维持生活。其后世乐显扬当了太医院吏目，康熙八年（1669 年）创办"同仁堂药室"，以"制药一丝不苟，卖药货真价实"为宗旨，药方来自民间验方、宫廷秘方。其子乐凤鸣接续祖业，1702 年迁铺至前门大栅栏路南，总结前人制药经验，完成《同仁堂乐氏世代祖传丸散膏丹下料配方秘籍》一书，明确提出了"遵肘后，辨地产，炮制虽繁必不敢省人工，品味虽贵必不敢减物力"的训条。1723 年，清朝雍正帝钦定同仁堂供奉清宫御药房。其后同仁堂独办官药 188 年，历经八代皇帝，自制名药有安宫牛黄丸、牛黄清心丸、乌鸡白凤丸等，历经百年洗练，成为经典国药。而位于北京前门外大栅栏二十四号的同仁堂药店，便是其品牌发源地，也是最负盛名和历史的店铺。

第一章
LINK 进化论

当商誉积累到一定程度，坐商的品牌便具备了很高的市场价值，为了打破地域局限和 LINK 半径影响力，连锁店开始出现。统一标准化的商标、字号、经营品类模式，使得坐商得以复制自身优势。可以说，连锁模式，是优质坐商的自我辐射圈的 LINK 扩展。

同仁堂作为一家传统药店，因其优良商誉和产品保障，在全国除西藏以外所有省份均有店铺，全国开店总量 3000 多家，自 1993 年走出国门以来，在 29 个国家拥有 130 多个终端零售、中医诊所和养生中心。可谓，坐商典范。

行商，则是伴随商贸流通加剧而逐渐走向历史舞台中心的。其形态以服牛辂马，以周四方为主，是 A（Animal）型商业，即动物型。行商的发展，开拓了中国经典的商路式贸易，并附带催生了国际贸易及早期金融业。

例如，由汉使张骞开辟的出使路线，形成了中国贯通亚欧的古老贸易通道——丝绸之路，使得中国特产丝绸、茶叶、陶瓷、香料经由阿拉伯商队售往欧洲各国，成为宫廷和贵族最爱。

再如自清朝中叶开始繁茂的对蒙交易，促使行商们开辟出通向库伦、恰克图、科布多的北路贸易和同往宁夏、甘肃、新疆等地的西路贸易。而伴随商贸地域跨度的不断扩展，埠际贸易往来实行统一汇兑居间结算服务的票号开始繁荣发展。至道光七年（1827 年），以祁县帮、平遥帮、太谷帮和京帮为代表的山西票号开始崛起，并迅速以分号形式向俄罗斯及中国内陆地区延伸。

其中，佼佼者平遥票号在全国各地设立的分号形成了一个庞大的金融网络，一度操纵 19 世纪整个清王朝的经济命脉。从清道光初年成立到歇业,历经 100 多年,曾经"执中国金融之牛耳",分号遍布全国 35 个大中城市,业务远至欧美、东南亚等国,有大清金融第一票号之称的"日升昌",全盛时期曾占有清政府 80% 的白银储备,年最高经营额达 3000 万两之巨,有"汇通天下"之盛誉。在英语中,"票号"的翻译为"Shanxi Draft Bank",山西也是大清朝的金融中心,平遥古街地位曾一度形同今日华尔街。

然而伴随现代商贸形态的出现,行商被迫将优势地位让渡于电商,电子商务成为不可阻挡的今日商业帝国之王。依托互联网基础设施进行线上交易,是 I 型商业(Internet),即互联网型。LINK 半径冲破地理空间限制,发展至极大状态,商品贸易可以覆盖网络信号存在的任何地区,可以说无所不达。

根据国际电信联盟(ITU)发布的调查报告,至 2016 年年底全球 47% 的人口用上互联网,总人数约为 39 亿人,其中移动宽带已经覆盖了全球 84% 的国家及地区。互联网覆盖程度越密集的地区,也意味着 LINK 效率越好,经济繁茂程度也就越高。

美国和中国是当今电商覆盖率最高的国家。截至 2016 年,电商营业额最高的五个国家为:中国、美国、英国、日本和法国[①]。

中国以 9750 亿美元位列第一,其中一半的营业额来自移动电商;第二名是美国,营业额达到 6480 亿美元,20% 来自移动电商;第三位是英国,营业额达到 1860 亿美元,移动电商也为其贡献了 20%;日本以 1240 亿美元占据第四位,移动电商占据 14%;法国位列第五,营业额 760 亿美

---

① 参考资料:法国电商 Lengow 的报告。

元，15%来自移动电商。预计到2019年，全球电商营业额将达3.5万亿美元。

毫无疑问，电子商务以其高效便捷秒速的LINK效率，将行商远远甩在身后。

以中俄"万里茶路"之称的跨境贸易为例，在行商为主的时代，产于福建武夷山的红茶，将途经闽、赣、湘、鄂、豫、晋、冀、蒙等省区，贯通中国、蒙古、俄罗斯，欧洲和中亚各国的国际商道，穿越230多个城镇，10000多公里，历时100多天才能到达中俄边贸城市恰克图。为此，仅在贸易枢纽归化驯养的交通工具骆驼，盛时就达到了16万峰。一笔商贸的达成和商品流通，用时半年之久。

而目前通过电子商务，中俄贸易在跨境电商平台上可以实现秒速交易达成，物流速度仰赖空中速递和现代仓储物流，从行商时代的数月，缩短至现在的7~15天。

电商带来的线上贸易大繁荣方兴未艾，商业形态的更高级阶段"玩商"已在其中孕育萌芽。相较于电商以互联网线上LINK为主的商业形态，玩商则打破了LINK界限，是N（Nothing）型商业，即无所不包，万物互联，将LINK半径扩充至无穷大，大数据、物联网、AI等全新现代科技成为其基础设施，玩商即万物互联的IOE时代。玩商的LINK将跨越所有商业链条，在不同产业、集群间实现资产和资本的反复置换，从而最大化提升LINK效率。

如果我们将四大商业进化形态进行分解，那么构成它们的三大LINK要素：物流、资金流、信息流则体现出完全不同的运转效率。见图1-4。

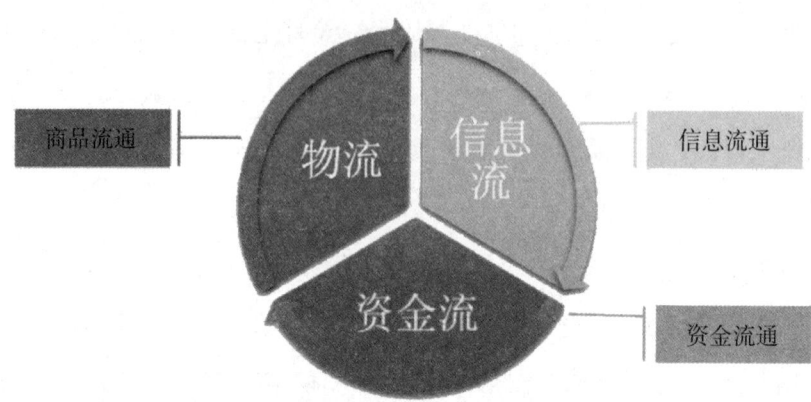

图 1-4　商业三要素：三流 LINK

三大要素的流通量值越低，代表的商业形态就越原始；反之，则越高端。以商品流为例，坐商时代，商品的生产和交换以"前店后厂"为代表，商品自制自销，流通量值极低；行商时代，近到区域贸易，远到跨境贸易，流通量值达到极大提升，可以横跨几个大陆板块，但效率低下；而电商时代，空运和物流的发达，使商品在全球范围内流通，流通量值空前；至玩商时代，流通无论速度还是覆盖度，将达到极致，无死角覆盖。

○ 谁在一统江湖

如果近现代商业存在一个明确分水岭的话，那么，毫无疑问就是电子商务的出现。

在整个商业形态从坐商、行商蔓延千年之久的变化后，终于在电商时代爆发出如此剧烈的变革，并以其摧枯拉朽之势，摧毁和重建传统商业 LINK 方式。更高效、更快捷、更自由的线上交易，是今日的商业帝国之星。

先看漂亮的大数据：

艾瑞咨询最新数据显示，2016年中国电子商务市场交易规模为20.2万亿元，增长23.6%。其中网络购物增长23.9%，本地生活O2O增长28.2%，成为推动电子商务市场发展的重要力量。见图1-5。

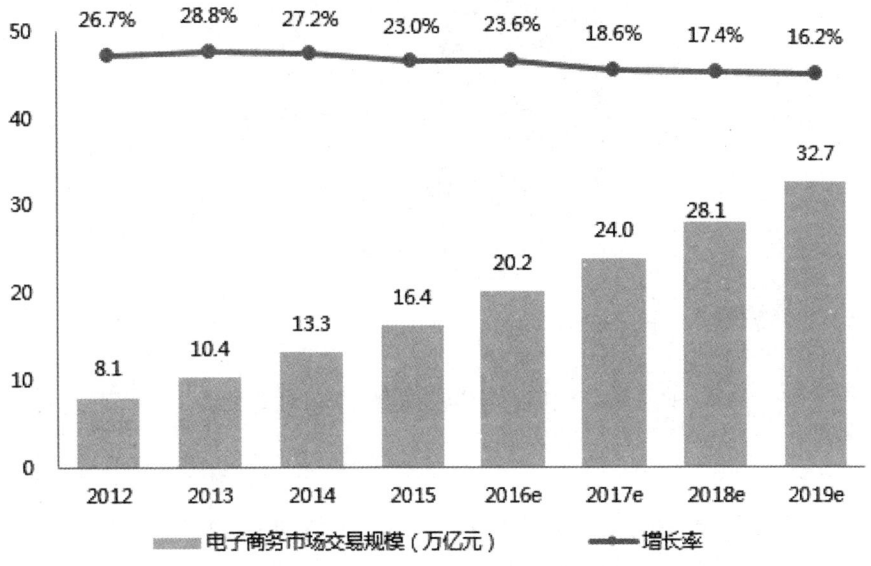

图1-5 2012~2019年中国电商市场交易规模

资料来源：艾瑞咨询

要知道，中国在2016年全年GDP总值为74.4万亿元，电商交易总值占其27%，是中国省份GDP三甲省份，广东、江苏、山东2016年GDP总和。其增长速度按照目前趋势，虽然有所降低，但根据机构数据推演，在2017年仍旧高达24%，是中国GDP增长速度的3倍以上。

从 2016 年电子商务市场细分行业结构中可见（见图 1-6），B2B 电子商务合计占比超过七成，仍然是电子商务的主体；中小企业 B2B、网络购物、在线旅游交易规模的市场占比与 2015 年相比均有小幅提升。

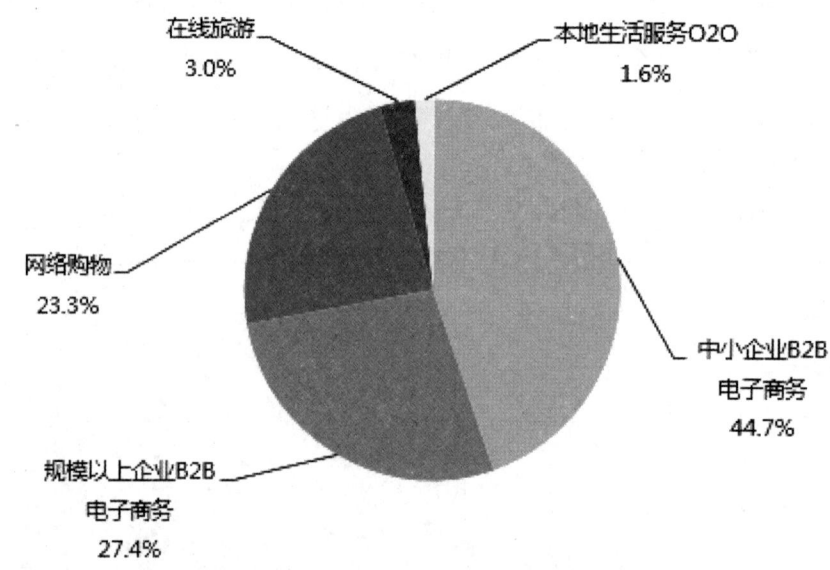

图 1-6　2016 年中国电商市场细分行业构成

资料来源：艾瑞咨询

从消费场景看，2016 年中国移动购物在整体网络购物交易规模中占比 70.7%，同比增长 15.3%。见图 1-7。

艾瑞分析认为，智能手机和无线网络的普及、移动端碎片化的特点及更加符合消费场景化的特性使用户不断向移动端转移。此外，各家企业持续加强移动端商品运营、丰富内容运营，不断提高用户转化、留存和复购，这是移动端持续渗透的重要原因。

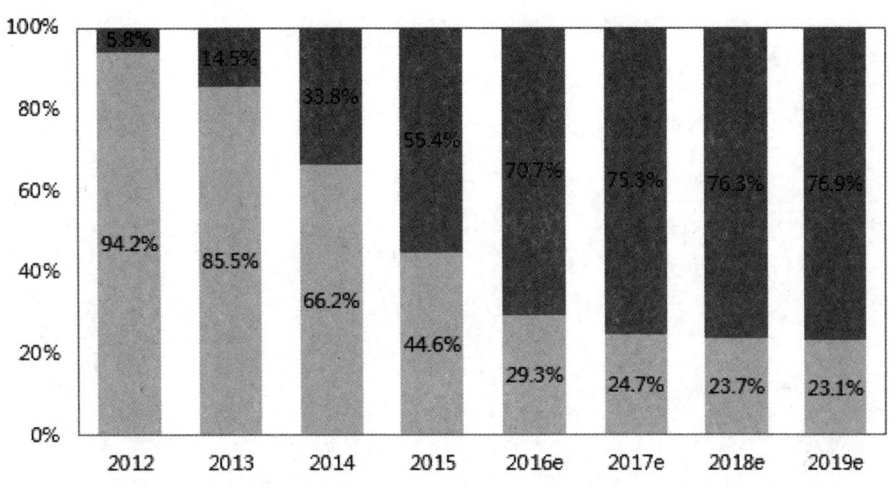

图 1-7 2012~2019 年中国电商网购交易额 PC 端和移动端占比

资料来源：艾瑞咨询

再看无比漂亮的领头羊数据：

2016 年：阿里巴巴系的第八个"双十一"。数据再次"亮瞎"同行们的眼睛：20 秒过 1 亿元、52 秒上 10 亿元、6 分 58 秒破 100 亿元。"双十一"刚过半，12 小时 29 分 26 秒，交易额已经达到 824 亿元，超过了 2015 年全国社会消费品日均零售额。2016 天猫"双十一"全天交易额最终成绩 1207 亿元，当天累计物流订单量完成 6.57 亿件，创历史新高。见图 1-8、图 1-9。

年份	2009	2010	2011	2012	2013	2014	2015	2016
交易额（亿元）	0.5	9.36	52	191	350	571	912.71	1207.4
物流订单量（亿件）	0.0026	0.048	0.2668	0.9801	1.7961	2.78	4.67	6.57
客单价（元）	194.8705	194.8705	194.8705	194.8705	194.8705	205.3957	195.4411	183.7747

图 1-8 2009~2016 年阿里巴巴"双十一"关键数据

资料来源：亿邦动力网

图1-9 2016年天猫"双十一"交易额：1207亿元

资料来源：浙江新闻网

相应的，同一矩阵的支付友军数据同样夺目。"双十一"全球狂欢节开场仅仅10分钟，世界支付纪录被再次刷新。支付宝公布的数据显示，在零点9分39秒，支付宝的支付峰值达到12万笔/秒，是2015年的1.4倍，刷新了2015年创下的峰值纪录。而当天总的交易数额，超过10亿笔。

1207亿元，如果按14亿中国人算，人均86.2元。如果按家庭为单位算，平均每家给马云贡献超过300元了。

从2009年的26万件到今年的6.57亿件，物流订单量实现了2526倍的增长。见图1-10。

在中国电商领域，每年"双十一"是阿里巴巴系的大数据狂欢，阿里数据一出，其他电商平台无人能出其右，数据貌似也羞于出手。

最后看基础设施数据：

线上支付，绝对是电子商务发展的基础设施，是LINK三要素中的资

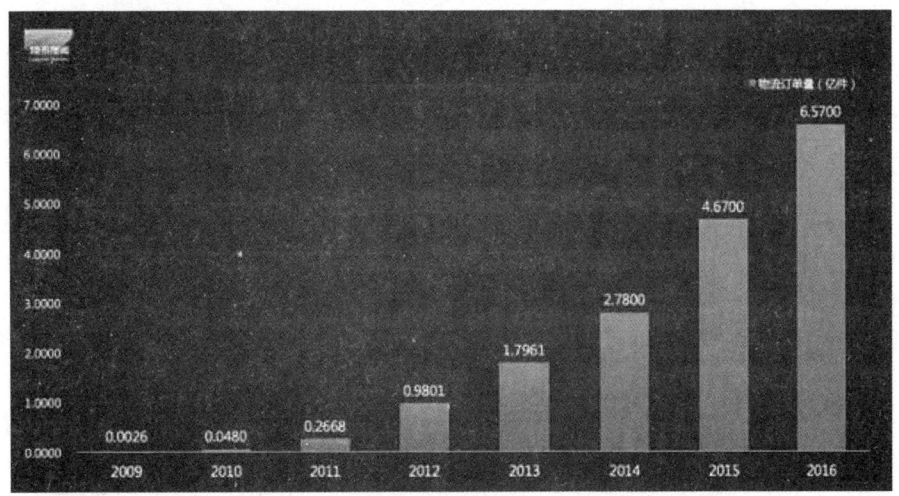

图1-10 2009~2016年阿里巴巴"双十一"物流订单量(亿件)

资料来源：亿邦动力网

金流支撑。在这一领域，中国支付环境遥遥领先，国外传统发达国家地区，反而有些"惨不忍睹"。

根据全球领先支付公司万事达卡集团提供的数据显示，现阶段全球仍有约85%的人在使用现金交易。美国消费金融网站LendEdu专门针对2000名80后、90后的年轻人进行市场调查，结果显示，在这2000人中只有14%的人有在使用移动支付，而有35%的人坦言从没使用过移动支付。

相比中国，这样的比例可以说是少得可怜。根据最新统计数据显示，2016年中国移动支付的使用率高达70%，其中最显眼的莫过于在支付宝账单上，90后人群所占的移动支付比例竟达到惊人的91%！

目前，在中国最常使用的第三方支付平台主要是支付宝、微信支付、银联、Apple Pay、快钱等，这几家支付平台占据了移动支付市场的大半壁江山。根据央行统计，2016年，微信、支付宝等非银行支付机构全年累计网络支付业务81639.02亿笔，金额99.27万亿元，同比分别增长99.53%和100.65%。而这个数额，竟然远远超过了2016年中国全年的GDP总额74.4万亿元[①]。

对比传统金融支付充满历史感的沉淀和磨砺，中国Fintech（金融科技）公司的LINK效率更像革命新贵。例如，中国最大银行（也一度是全球最大）工商银行创立于1984年，拥有几十年的历史和无数国家资源。而支付宝隶属的中国最大Fintech公司蚂蚁金服，刚刚走过十多年历程，是私营企业。工商银行在全国拥有1.67万个网点，有46万多名员工（2015年数据），市值1.67万亿元人民币，而蚂蚁金服在中国没有线下实体网点，员工约6000人，估值600亿美元。也就是说，蚂蚁金服用了不到工商银行1/3的时间，约1/80的人力，没有开一家店面，就打造出了2/5个工商银行的市值[②]。如果把企业估值平均分配给所有员工，工商银行每位员工价值360万元，而蚂蚁金服每位员工价值6900万元，LINK效率瞬间有了近20倍的差距。见图1-11。

图1-11　不同LINK方式的效率对比

资料来源：截至2017年5月公司市值/估值公开数据核算

① 参考资料：金融界网。
② 参考资料：刘文献、李利珍：《众链》。

第一章
LINK 进化论

在"互联网+"浪潮席卷全球的今天,电子商务已经成为经济发展的基础设施,互联网作为一个产业已经不复存在,因为它已经融入了所有产业。新的商业 LINK 新的生活,乞丐都在用二维码乞讨时,传统线下攻击电商毁灭实体经济的言辞听起来略感可笑。

全民"爸爸"马云在 2016 年 10 月召开的阿里云栖大会上对全世界说:"纯电商时代很快会结束,未来的十年、二十年,没有电子商务这一说,只有新零售,也就是说线上线下和物流必须结合在一起,才能诞生真正的新零售。"

LINK 进化的速度如此之快,以至于很多人还没有接受当下,更迅猛的未来已然敲响了门环。

○ 著名的溃败

在商业形态的 LINK 进化中,总有枭雄崛起,也总有大哥沦落。

LINK 不到必要的一环,即使曾经的商业帝国,也往往会在朝夕之间溃败为废墟。前有中国传统票号,后有曾经手机霸主诺基亚、摩托罗拉、影像帝国柯达,以及曾经缔造了中国首富的国美等。

诺基亚,伟大企业的大溃败

诺基亚曾是欧洲 20 世纪末最成功的企业,是欧洲人与硅谷进行技术竞争,并因此创立企业巨头的典范;从 1996 年开始,诺基亚连续 15 年占据手机市场份额第一的位置。在事业的高峰期,全球平均每 5.7 人就拥有一部诺基亚手机。而更令人仰慕的是,巅峰时期的诺基亚甚至为芬兰贡献了 4% 的 GDP。在 2000 年世纪之交时,诺基亚也还是美国投资者

"皇冠上的珍珠",股价一直相当坚挺,似乎始终在上升,是整个华尔街的宠儿。

但从2005年开始,智能手机作为一个全新物种出现了,世界手机风向悄然逆转,这是改变一切的改变,移动智能终端和它企图LINK的线上生活,成为新时代的起点。

从全球第一的手机生产到产品世纪大溃败,诺基亚开启了它的黑暗2008。

2008年,诺基亚甚至因售卖4.6亿部带摄像头的手机成为"全球最大的相机制造商"。当年,它的份额曾高达40%多(在上一年甚至高达50%)。但2008年也是诺基亚走向全面衰败的开始。在此前一年的2007年1月,乔布斯推出了第一代iPhone,开天辟地式地重新发明了手机。新时代瞬间降临,只是诺基亚却还在往日手机碎砖头的辉煌中骄傲沉睡。

苹果推出iPhone以来,诺基亚在全球市场占据率就直线下降。更令其腹背受敌的是,谷歌缔造的安卓(Android)系统开始出现横扫之势,引领了包括三星在内的一大批该阵营品牌的崛起。在智能手机2007年刚上市时,诺基亚在全球手机市场仍具压倒性优势,短短4年时间,作为故步自封的代价,诺基亚的塞班(symbian)系统占有率就下降到22.1%。光荣与梦想不再,巨人并没有缓慢倒下,而是以急转直下的形式轰然倒塌。见图1-12。

始终让诺基亚骄傲的是其产品的质量。也许直到现在,用户对于诺基亚的产品质量,还怀着一种追溯似水年华般的眷恋。从模拟手机到数字手机时代,诺基亚正是靠品质、技术成为业界大佬。提升屏幕分辨率,选择

第一章
LINK 进化论

2011年11月

塞班系统在全球的市场占有率降至22.1%

霸主地位已彻底被安卓取代

中国市场占有率则降为23%

图 1-12　诺基亚的塞班系统被谷歌的安卓系统彻底击溃

资料来源：网易新闻

卡尔蔡司摄像头，都是诺基亚开创的先河。但遗憾的是，时代改变了，口袋装满现金的消费者比起那过硬的质量，显然更加注重握在手里的"线上时尚生活"，尤其伴随新社交应用的出现，这种需求从早期的追逐，变成日常的标配。

诺基亚衰败了，曾经作为芬兰的骄傲有力支撑了这个国家的经济发展，而现在，故事基调已然改变。一个企业的落魄，影响了这个国家的兴衰。

时年，2008金融危机对欧洲经济带来沉重打击。欧洲五国：葡萄牙、意大利、爱尔兰、希腊和西班牙先后沦陷，货币严重贬值，经济无力翻身。

此时芬兰的经济环境尚好，这时的诺基亚还作为全球第一大手机企业，为祖国保持了贸易顺差。这一情况，直到2010年。但到2011年滞后的连锁反应开始发酵，贸易出现逆差。芬兰贸易从顺差到逆差的时间基本与诺基亚的衰落时间相当，2012年诺基亚失去了全球第一大手机品牌的地位，被三星取代，2013年诺基亚被微软并购，2012年芬兰的失业率开始增加，经济出现衰退，并且自那之后衰退至今。

由于与微软的相关合约到期，2017诺基亚宣布重回手机市场。继2017年1月，推出Nokia 6后；2月份，又推出诺基亚Nokia 8（Nokia 9300）。然而掩映在iPhone7、荣耀V9、三星S8、小米6、甚至于锤子坚果Pro的光环之下，还有多少人能够看到诺基亚的尘光呢？

百年胶卷帝国柯达陨落

1888年，柯达创始人乔治·伊士曼发明了第一台自动照相机，照相机开始走入寻常百姓家，"柯达"成为摄影的代名词，并缔造了一个胶卷时代，在100年的时间内，矗立行业顶端。

到1930年，柯达占世界摄影器材市场75%的份额，利润占这一市场的90%。鼎盛时期的柯达，拥有全球超过14.5万名员工，地位相当于今天的苹果或谷歌。那时的柯达不仅有出色的相机，还有高质量的胶卷，更夸张的是，还有随处可见的冲印店。至20世纪60年代，柯达创下照相机销量的世界最高纪录，在《财富》杂志中排名第34位，纯利居第10位。

但随着数码时代的来临，百年老店柯达走到了繁荣的尽头。

1997年以来，柯达仅有2007年一年实现全年盈利，柯达的市值从1997年2月最高的310亿美元降至申请破产时的21亿美元。在2000年到2003年间，柯达的胶片利润下滑了70%。更大的打击来自于2000年，日系数码相机品牌崛起：佳能、索尼、奥林巴斯等企业各携利器，疯狂侵占原本属于柯达把控的市场。

第一章
LINK 进化论

然而,新世纪并非由这些人所创世。早在1975年,柯达的工程师斯蒂夫·萨森就在实验室中制造出第一台数码相机。柯达虽然预测到数码时代的到来,但他们最终选择了漠视,原因据说是当年柯达一位高管算过的一笔账:"如果胶片时代的利润为70美分,那么数码时代的利润最多可能仅为5美分。"相比70美分,5美分的薄利确实有点不忍直视。更重要的是,柯达高管们对未来新商业世界没有认知。

"我们坐在这里与盖茨开会,而惠特莫尔却在一旁打呼噜。"斯瓦西在《变焦》一书中引用当事人的话,谈到1991年比尔·盖茨应邀来到柯达总部所在地——纽约州罗切斯特市,与柯达董事会成员商谈在Windows上支持柯达数字图像格式的问题时,时任CEO的惠特莫尔居然在会议上鼾声大作[1]。

1990年的彼时彼刻,年收入11.8亿美元的微软与同年收入189.1亿美元的柯达相比,确实还是一个"后生小子",更重要的是,惠特莫尔根本听不懂盖茨LINK新世界的语言,于是酣然入睡,并带着柯达的百年荣光。

影像行业,从黑白相机到彩色相机,大约经历了100年;从彩色胶片相机的广泛应用到数码相机的铺天盖地,大约只用了25年。柯达是彩色胶片相机的发明者,同时也是数码相机的发明者。可就是这第二个重要发明,在短短25年间葬送了一个百年老店。

20世纪90年代,随着摄影技术渐渐从胶片向数码转变,全球胶卷消费市场开始急速萎缩。柯达传统影像部门的销售利润从2000年的143亿美元,锐减至2003年的41.8亿美元,跌幅达到71%!在拍照从"胶卷时

---

[1] 参考资料:世界工厂网:《柯达破产警示录 只有创新才有未来》。

代"进入"数字时代"之后，昔日影像王国的辉煌也似乎随着胶卷的失宠，而不复存在。

到2011年，柯达股价跌幅超80%，第二年，深陷泥潭无力回天的柯达根据美国《破产法》第11章申请破产保护，以防万一无法售出数码专利。

从此，拥有131年历史的品牌巨人柯达，从此倒下。

事实一再告知世人，拒绝进化，终将溃败。

在这些令人胆寒的溃败下，没有一个背影是华丽的。

在每一个至关重要的LINK环节，只有具备进化能力的企业，才能活着走到明天。

第三节　IOE，万物互联时代

"1835 73rd Ave NE，Medina，WA98039"，在这个平淡无奇的地址，坐落着20世纪最伟大的计算机软件行业巨人——微软公司比尔·盖茨耗巨资、经历数年建造起来的"未来屋"，也就是"全世界最聪明的房子"。

这座豪宅，完成了高科技与家居生活的精美对接，在1997年绝对是世界一大奇观。其中的"智能"系统，完美体现了比尔·盖茨这个世界级"极客宅男"的科技情怀。整个豪宅由多个搭载Windows NT系统的中央电脑集中控制和管理，房间各处遍布声音、光线、温度、湿度传感器，所有家电、门窗、灯具、水族箱均由电脑控制，根据外界环境和主人需求自动调整，甚至院中的百年老树都配有传感器，根据需水情况自动浇灌。

比尔·盖茨的科技情怀，启蒙了整个世界最聪明大脑关于智能家居应用的想象，并很快在广众社会中迎来了IOT即物联网时代，然后，是所有人看得见的新未来——IOE，万物互联时代，一个属于玩商的时代。

这，即是对新世界的预言。

○ 玩商为何是 N 型？

玩商的核心本质——IOE，Internet of Everything，万物互联时代。其最大的特点就是 LINK 一切产业、资源、智慧、文明，乃至思想。

IOE 为什么是 N 型商业 LINK 形态？

N，代表着 Nothing，意思为无。

无，即为没有，是零。

但同时，无，即为有，是无所不包。

如果用英文表达出来，IOE 所代表的 N，即是 Nothing is everything！

如果将这句话翻译成中文，应该是：无中生有，有无相生。即《道德经》第 40 章，写道："天下万物生于有，有生于无。"而且，这种古老的东方哲学已经被现代最深奥的量子物理学所论证，即"波粒二象性"，粒子同时具有粒子性和波动性，在虚无和真实之间摇摆不定。

瑞士联邦理工学院的科学家首次拍摄到同时以波和粒子形式存在的光线照片，证明了爱因斯坦的理论，即光线这种电磁辐射同时表现出波和粒子的特性。图片中（见图 1-13），底部的切片状景象展示了光线的粒子特性，顶部的景象展示了光线的波特性。

因此，物理学家们发现的真相就是，"真空"状态下，没有可测量的粒子，所以是"空"或"无"，但这样的"无"不是绝对的无，它蕴藏着"万有"，而且，"真空"也不是死寂的"顽空"，它不但没有绝对静止，而且还沸腾着。所以"真空"不是"顽空"，由它可以产生万物，即"真空万有"[①]。

当 LINK 的终极形态万物互联时代到来，那么商业的形态也就具备

---

① 参考资料：约翰·D. 巴罗：《无之书：万物由何而生》。

第一章
LINK 进化论

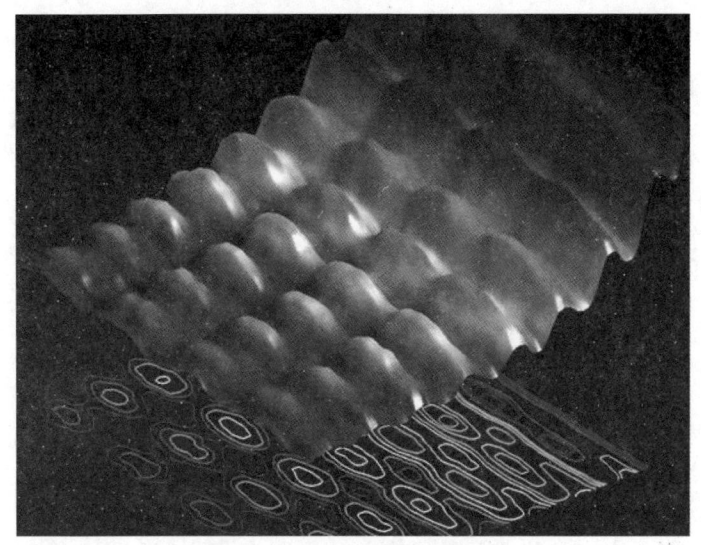

图 1-13　波粒二象性成像照片

资料来源：新浪科技

了"有"和"无"这对完全相反然而又可以互化互生的特性。调研机构高德纳咨询公司（Gartner）预测，2016 年全球可联网设备将达到 64 亿件的规模，而到 2020 年更会上升到 210 亿件，这是"有"。当所有一切如科幻小说中描述的那样，互相连接在一起，包括人也连接在一起时，连接本身就消失了，也就是 LINK 的"N 时代"。没有 LINK，因为一切已经 LINK。

在这样的时代，商业形态已经不局限为今天我们所能观察到的一切，当 LINK 半径和能力圈无限扩充至无穷大后，全新的商业生态体现出资源无界限极速交互的特征。无界限性和极速交互，也将成为两个最为关键的特性。

1. 无界限性

无界限性，由 AI（人工智能）和 IOT（物联网）相互 LINK 交互来实现。举例来说，现在家庭购物，是由人来决策和实施完成的；未来，这一行为则由家庭中的冰箱来实现。冰箱比家庭成员更了解餐饮所需食材和时间供给节点，由冰箱算法决策每日购物清单，通过数字货币支付形成电子订单，电子订单驱动物流体系完成配送。而这样的购物数据通过积累形成电子征信，征信完成授信，扩展出系列的金融附加服务，如消费借贷行为。

那么，最终的结论就是，冰箱不仅帮助家庭购物，还可以帮助家庭完成信用积累和金融信贷，以及其他无限延展的资源链条。

如果将这个家庭变为一个企业，这台冰箱，就可以是运转这个企业的智慧大脑。不但完成上下产业链条的供给和采购，还可以通过数据变化预判商品销售的未来趋势，调整战略方向和订单供应。而同一时刻，又可以进行上下游产业链融资等财务金融优化。生产、销售、财务金融等，在未来不会以独立部门形式存在，而是集约为一体。界限消失，根据市场的瞬息万变，一切都瞬息万变。

2. 极速交互

计算机的算力有多强，交互的速度就可以达到多快。从现实数据看，计算机的性能每18个月翻一番，1965年至今翻了34番，计算速度翻了160亿次。作为全球超级计算机的引领者，中国自主研发的"天河一号"运算1小时，相当于全国13亿人同时计算340年以上。而新一代的"天河三号"，将拥有200倍"天河一号"的算力。

资源在这样不断扩容的算力上神速风驰电掣，商业行为在来不及思考的时候，就会开始，就会结束。

未来，算力即生产力。

这一切，终将塑造一个IOE新时代。财经作家吴晓波在《激荡三十年》的扉页上描写了一个创世一般的场景："当这个时代来临的时候，锐不可当。万物肆意生长，尘埃与曙光升腾，江河汇聚成川，无名山丘崛起为峰，天地一时，无比开阔。"

这是正在发生的未来。

最聪明的人们，已经强烈感觉到地壳发出的震动：一轮大的变化在到来，我们必须要理解这是一场什么样的变化。这场变化开始于 PC 互联网，爆发于移动互联网，激战于各种可穿戴及智能应用设备，将来会终结于万物互联。

○ 主动进化

在 IOE 时代的逼视之下，这是一个如果你醒来的速度不够快，就不必再醒来的时代。未来只会选择那些选择主动进化能力的企业和商业形态，主动进化已经不是一种选择，而是生死攸关的必然。

假设企业不具备进化功能，IBM 今天还只是一个打孔机企业，3M 还只是一个做砂纸的企业，而三星则只是一个卖咸带鱼的店铺。一个停止进化的企业将自我覆亡，同时还会给社会带来痛苦，比如前文所述曾经的黄色巨人柯达，在过去十多年间高达数万人的裁员给罗切斯特这座城市乃至很多家庭带来了难以言尽的苦楚。而诺基亚的溃败，则让芬兰国家经济遭受沉重打击。而且，在这个万物竞相进化的时代，周围充满了伺机而入的危险敌人。

消灭你的，可能是那些你根本不知道的存在。

要想在这样的世界存活下去，就必须深谙跨界 LINK 之道。

Uber（优步）没有一部车，却是全球最大的出行公司；Airbnb（家在四方）没有一家酒店，却是全球最大的酒店公司。阿里巴巴本来是一家电子商务公司，当发展到足够大时，突然发现自己已经成了中国最牛的Fintech（金融科技）公司。腾讯本来是一家运营社交软件企业，通过微信语音、视频功能，现在已经成为令移动、联通、电信三大运营商胆寒的通信公司。

让我们回顾，阿里巴巴对金融行业发起的跨界"打劫"之路。

这是从2008年12月7日马云喊出"银行如果不改变，我们就改变银行"开始的，当时这句话只是笑话，到2013年余额宝问世，20天狂吸66亿元，30天2000亿元到4500亿元，一瞬间令所有经济学家瞠目结舌，令所有银行胆战心惊。

截至2017年1月，余额宝规模已超过8000亿元，客户数超过4900万户，天弘基金靠此一举成为国内最大的基金管理公司。而更为可怕的是，阿里通过自有的电商平台和支付宝线下支付打通，使得余额宝用户不仅能够得到理财收益，还能随时消费支付和转出。这就相当于拥有余额宝，同时拥有了一个既在理财，又能随时通过电子支付消费，即取即用的电子钱包。有了这样一个方便的钱包，银行、银行卡、纸币都被边缘化了，本来属于银行的客户，却离银行越来越远，新一代的消费者们通过支付宝账户连接金融世界，打理一切金融乃至非金融的生活消费，那么银行的消亡，还会远吗？

再看阿里小贷业务。

2010年，"阿里小贷"创立，用于解决体系内商家的贷款需求，其首创的网贷"310模式"，即3分钟申请，1秒钟放贷，全过程0人工干预，将放贷效率提升到传统金融无法企及的"光速"，公开数据显示，在2013年5月18日这一天，阿里小贷在2小时内，为1.8万淘宝卖家提供了3亿元贷款，且不良贷款率只有0.9%。到2010年时，阿里小贷已经累计为400多万小微企业提供了近7000亿元贷款。2016年"双十一"期间，背靠阿里蚂蚁金服的网上银行，在9~10月两个月的时间里，为133万卖家提供了信贷服务，累计放款额497亿元，每天放款量约2.2万户，户均放款额为3.7万元，平均每分钟放款给15家商户。这对传统银行业务来说，是不可能实现的。

到2017年开年，蚂蚁金服更高调公布了一组骄人的数据：阿里巴巴日均纳税1亿元，创造就业岗位3000万个。阿里巴巴和蚂蚁金服统计发放了8000多亿元贷款，为超过500万小微企业提供了贷款服务。这些数据，被媒体用"马云再次力压四大银行，蚂蚁金服放贷8000多亿"的强势标题表达出来。

通过支付宝APP，阿里LINK了6大类别的82项功能服务（见表1-1），包括已经成为行业价值标杆的电子支付、余额宝、芝麻信用、蚂蚁小贷，等等，从电子支付到社会征信，从金融理财到生活消费，从打车购票到外卖租车，简直无所不能。见图1-14。

表1-1　　　　　　　支付宝APP里LINK的功能服务

应用类别	应用数量(个)	代表应用
便民生活	20	充值中心、我的快递、共享单车
资金往来	10	转账、收钱
购物娱乐	9	游戏中心、彩票
财富管理	11	余额宝、蚂蚁花呗、芝麻信用、蚂蚁借呗
教育公益	9	蚂蚁森林、运动
第三方服务	23	滴滴、外卖、天猫、飞猪旅行等

阿里巴巴显然是主动进化的典范，而且这种进化速度和广度已经不是"主动"，而是"贪婪"。仅从支付宝这一路口来看，它在试图LINK一个

图 1-14　支付宝全部应用

资料来源：支付宝 APP 截图

人的所有生活，最终完全占有一个人也并非没有可能。

如果对比这些 LINK 能力超强的公司，人们就会发现，传统产业的弱势在于他们大多呈现链状结构，通过从上游到下游，从产品到服务的不断增值，最终赢得用户认可。而 LINK 公司，则打破了产业链、价值链结构，突围商业界限，以服务客户生存半径为目标，使自己成为产业中的商业生态中心，最终使其服务无处不在，也就达到了"真空万有"的状态。

亚马逊创始人贝佐斯曾说过，"决定你是谁的，不是你的天赋，而是你的选择。"

坐而论道，不如起而行之。

如果你已经错过了互联网、移动互联网的消费互联网时代，请不要再错过物联网、万联网的产业互联网时代。

这是一场正在发生的全新社会进化，而"物竞天择，适者生存"的古老规则依然残酷有效。

第二章

LINK 开辟大时代

◇ 掠夺，是资源 LINK 的原始方式，残暴但有效。

◇ 欧洲大陆的 LINK 催生世界强国和全球市场统一，也催生了欧洲全球经济领航者地位。

◇ 主动 LINK 者，得到全世界。被动 LINK 者，则失去了自我。

◇ 工业革命，是人类与机器的首次 LINK。

◇ 互联网最大的影响，是消除了距离，让 LINK 无处不在。

◇ 智能革命将是人类与机器的终极 LINK，是起点，也是终点。

◇ 2040 年强人工智能就将出现，该年份距今只有 23 年。

第一节　大航海时代

"从15世纪末开始，欧洲人便开始着手将'四块大陆、三大种族及多样化的地域'整合为一体。"波澜壮阔的大航海时代，伴随欧洲冒险家的小船，驶向海洋，并最终将当时世界上举足轻重的经济体LINK在一起，亚洲、非洲、欧洲、美洲，从弱LINK或零LINK，走向强LINK时代。

整个大航海时代，都伴随着欧洲新兴经济体的贪婪、残暴和掠夺，数之不尽的财富和资源通过这种LINK源源不断输入欧洲，从此整个欧洲大陆就此崛起，而璀璨的东方文明走向衰落。

○ 欧洲大陆LINK则市场LINK

刺激欧洲人寻找海上机会的一个重要原因，是土耳其人、阿拉伯人和意大利人对原有欧亚海陆贸易通道的垄断，他们对往来商人课以重税。另外，通道沿途还遍布战争及危险的海盗活动。

于是，从15世纪开始，被《马可·波罗游记》所描绘的富庶东方所深深吸引的欧洲人再也无法按捺内心对财富的渴望，在这场欲望的竞争中，临海国家葡萄牙（只有110万人口）率先将寻找机会的目光投向浩瀚海洋，希望能找到一条绕过垄断者直接与东方实现贸易LINK的路径。西班牙人紧随其后，于是这两个西欧国家，竟因为之后的海上贸易或者说掠夺，先后成了世界经济强国。

迪亚士、达·伽马、哥伦布、麦哲伦……这些亦商亦匪的冒险家，伴随新航路和新大陆的发现（见表2-1），而在历史上有了一席之地。

表2-1　　　　　　　　四次重大航海探索

时间	人物	国别	航线	支持者
1487~1488年	迪亚士	葡萄牙	西欧—好望角	葡萄牙
1492年	哥伦布	意大利	西欧—美洲	西班牙
1497~1498年	达·伽马	葡萄牙	西欧—好望角—印度	葡萄牙
1519~1522年	麦哲伦	葡萄牙	环球航行	西班牙

总的来说，大航海时代主要有三条改变世界商贸及经济政治格局的LINK航线。

其一，即"新航路的发现"。从15世纪起，葡萄牙人不断沿非洲西海岸向南航行，占据了一些岛屿和沿海地区，掠夺当地财富。1487~1488年葡萄牙人巴托罗缪·迪亚士到了非洲南端的好望角，这成为探寻新航路的一次重要突破。葡萄牙贵族瓦斯哥·达·伽马奉葡萄牙国王之命于1497年7月8日从里斯本出发，绕过好望角，沿非洲东海岸北上，之后由阿拉伯水手马季得领航横渡印度洋，于1498年5月20日到达印度西海岸的卡里库特，次年载着大量香料、丝绸、宝石和象牙等返抵里斯本。这是第一次绕非洲航行到印度的成功，被称之为"新航路的发现"。

其二，即"新大陆的发现"。葡萄牙的探险行为刺激了邻邦西班牙。

第二章
LINK 开辟大时代

热爱冒险的意大利商人哥伦布在寻求葡萄牙王室支持失败后，转而说服西班牙国王，在 1492 年，从巴罗斯港（古都塞维尔，今称塞维利亚）出发，率领探险队西行，横渡大西洋，在海上航行了 33 天，在约 4828 公里的航程后，终于驾着三艘脆弱不堪的船只看到第一块大陆——巴哈马群岛的圣萨尔瓦多岛（华特林岛），之后又到了古巴岛和海地岛，并于 1493 年 3 月 15 日回航至巴罗斯港。此后哥伦布又三次西航，陆续抵达西印度群岛、中美洲和南美大陆的一些地区，掠夺了大量白银和黄金之后返回西班牙。这就是人们所称谓的"新大陆的发现"。不过，哥伦布到死之时，都认为他所登陆的地方是印度，而不是一块未知大陆，哥伦布远航时，还携带者西班牙国王给印度君主和中国帝王的国书。

其三，即"第一次环球航行"。1519 年 9 月 20 日，葡萄牙航海家斐迪南·麦哲伦奉西班牙国王之命，率探险队从巴罗斯港出发，横渡大西洋，沿巴西东海岸南下，绕过南美大陆南端与火地岛之间的海峡（即后来所称的麦哲伦海峡）进入太平洋。1521 年 3 月到达菲律宾群岛，麦哲伦死于此地。其后，麦哲伦的同伴继续航行，终于到达了"香料群岛"（今马鲁古群岛）中的哈马黑拉岛。之后，满载香料又经小巽他群岛，穿过印度洋，绕过好望角，循非洲西海岸北行，于 1522 年 9 月 7 日回到西班牙，完成了人类历史上第一次环球航行。

新航路和新大陆的 LINK，形成了真正的世界贸易，也导致世界一体化市场的出现。地理大发现之后的 300 年间，西欧的商人奔走于世界各大洲，把欧洲原有的区域性市场同亚洲、美洲和非洲、大洋洲的许多国家和地区的地方性市场联结起来，出现了以西欧为中心的世界市场，人类也由此从各民族分散孤立地发展开始走向整体世界，日益连成一个整体。

以美洲为例,在 1492 年哥伦布的尼娜、平塔和圣玛丽亚三艘船起航前,世界其他地方根本不知道美洲的存在,尽管美洲人是由亚洲人迁徙而去的,但漫长的进化路途,使得这块大陆隔绝在外,成为零 LINK "孤岛"。

与此同时,中国和欧洲之间的交流也很稀少。一个世纪后,世界已经完全变样。西班牙帆船满载着非洲黑奴在南美开采的白银抵达中国港口,换回中国的丝绸和瓷器。从马德里、麦加到马尼拉,富人们抽着从美洲进口的香烟,享受着新经济所带来的美妙商品。因此,哥伦布在整个后世评论中,一方面因"发现"和将美洲纳入"全球化"被奉为"伟大",另一方面又因其所带来的残忍掠夺而被贬低为"强盗"!

但不管怎样,被后世史学家称为"哥伦布交流"(见表 2-2)的商贸活动,是当时世界贸易初始阶段的重要组成和促进元素。美洲的开放,将其丰富而新鲜的农作物带到欧洲及世界各国,比如橡胶,直接为后来的工业革命时代提供了重要的基础物资,使得欧洲在全球发展中步步领先。同时,这种贸易交互行为,也形成了系列连锁反应,为贸易地区带来了重大而不可估量的影响。

表 2-2　　　　　　　　"哥伦布交流"

交流到美洲的主要商品及附带品	交流到欧洲的主要商品及附带品
小麦、马、蚯蚓、奶牛、病菌	黄金、白银、烟草、土豆、火鸡、橡胶、鸟粪……
交流到中国的主要商品	交流到欧洲的主要商品
白银、土豆、玉米	丝绸、瓷器及奢侈品

资料来源:新浪网

病菌,伴随船员输入美洲后,当地人在缺乏免疫力的情况下大面积死亡，损失了 2000 万~3000 万人口，使得美洲在被欧洲征服过程中阻力减少，而同时由于劳动力的缺失，又导致此后 300 多年时间内从非洲贩卖黑奴到美洲成为一种暴利敛财方式，期间大约有 15000 万人被活着贩运至美洲，因这项贸易死亡的非洲人则高达 3500 万以上，整个非洲损失人口 5000 万，经济全面崩溃，至今未曾翻身。

主动 LINK 者，得到全世界。被动 LINK 者，则失去了自我。

○ LINK 出的世界强国

靠着新旧大陆的资源 LINK，到底可以获得多少好处呢？

根据相关资料记载，1502 年，葡萄牙一次前往东方的香料贸易利润就有 20 万达克特（ducat，从前流通于欧洲各国的钱币），这在当时是非常大的数字，英国人口是葡萄牙的 4 倍（400 万比 100 万），1513 年国家总收入也不过折合 40 万达克特左右。达克特是当时流行于欧洲的金币单位，20 万达克特大约为今天的人民币 2 亿元，一次海上贸易，就可以达到 4 倍人口英国国家收入的一半，这样的暴利，是可以令人疯狂的。

那么，为什么历史会单单选择葡萄牙这个欧洲边缘国家呢？既有偶然，也有必然。其中一个最为重要的原因，就是葡萄牙对新世界资源 LINK 的强烈欲望，通过《马可·波罗游记》的描述，东方在当时俨然成为遍地黄金的代名词，而三面被西班牙封锁的葡萄牙，因为在 14 世纪阴差阳错躲过了几乎摧毁欧洲的鼠疫，不得不面对国内人口暴涨、资源紧缺的现状。恰在此刻，葡萄牙出现了一位热爱冒险和航海事业的亨利王子，他本人既是一位狂热的航海家，同时又是富有远见卓识的政治家：

利用葡萄牙优越的地理位置发展海洋事业，可能是这个国家唯一且正确的出路。

为此，亨利本人倾注其全部热情，他终生未娶，献身于航海事业。他广泛搜集地理、造船、天文、航海、制图等文献资料，创建了第一所航海学院，亲自授课，并聘请地中海地区的专家讲授相关知识，为葡萄牙培养了大量专业熟练的海员，乃至杰出的航海家。在某些政策方面，他也充满"气魄"。如亨利为鼓励船员前往非洲西岸探险，规定船只的建造与维修，以及探险者的亏损全部由亨利承担。如果获利则只需上缴 1/5，其余全归探险者所有。这一做法，使得后来的著名航海事业，基本由政府，有时是君王本人，承担航海的风险投资。当财富还未随新航线返程之前，这种行为的确要承担重大的经济风险。

第一只螃蟹并不容易吃。早期在广阔海域上寻找财富的船只根本不敢越过北非的博哈多尔角。在当时，博哈多尔角是欧洲已知世界的尽头，荒凉无比，附近暗流涌动，被当时的西方人的称为"死亡之角"，在中世纪的欧洲地图上，博哈多尔角附近的海域被画上了一个魔鬼的手。而在水手们之间，更流行着可怕但荒诞的谣言：若通过此处，所有的基督徒都会变成黑人。因此，整整 15 年的时间，航线到此终止，没有人愿意越过此地。直到 1443 年，葡萄牙航海者从欧洲西南的罗卡角出发，终于越过了令他们恐惧的博哈多尔角，最终开启了大航海时代。

葡萄牙船队在非洲西海岸至几内亚一带，掠取黑人、黄金、象牙，并先后占领马德拉群岛等。而其后诞生了历史上赫赫有名的航海家迪亚士、达·伽马、麦哲伦等人物，在这些优秀航海家的掌舵下，葡萄牙殖民帝国的船帆高高扬起，乘风破浪，在 16 世纪达到了巅峰，其版图扩大到美洲

第二章
LINK 开辟大时代

的巴西,并使其一直延伸到远东的香料群岛,即今天印度尼西亚的摩鹿加群岛(又译为马鲁古群岛),跨度达地球一周的 3/4,全盛时期基本垄断了印度洋和西太平洋的海上贸易。

海上经济命脉的建立以及由此带来的巨额收益,让葡萄牙成为第一个确立海权的国家。当然,海权带来的不仅仅是无穷的财富,还有民族的霸权。1494 年,葡萄牙与西班牙签订《托德西利亚斯条约》,确定通过佛得角群岛以西 2200 古海里处的"教皇子午线"为界,界东属葡萄牙,界西则属西班牙。

到 1500 年,葡萄牙探险家佩德罗·卡布拉尔意外越过子午线,并发现了巴西。1512 年葡萄牙在太平洋发现了极有经济价值的香料群岛摩鹿加。这引起了西班牙的垂涎。1521 年环球航行的西班牙探险家麦哲伦,也在摩鹿加登陆。西班牙与葡萄牙在这里遭遇。葡西两国从 1523 年开始谈判,至 1529 年达成《萨拉戈萨条约》,修订势力范围界线,并明确这一分割线在太平洋上的位置。太平洋分界线划在摩鹿加群岛以东,西班牙退出摩鹿加群岛,葡萄牙为此赔偿西班牙 35 万金达克特。而太平洋分界线以西的菲律宾则继续被西班牙统治。

至此,海上资源 LINK,使两个面积不大的国家,竟然如此轻松瓜分了地球,并且得到了教皇的承认。而这时的葡萄牙,距离其建国时间刚刚 300 多年。

榜样的力量是无穷的,受到刺激的西班牙紧随其后,并迅速赶超。确实,在 LINK 巨量资源上,比葡萄牙更幸运的是,由西班牙王室支持的哥伦布"发现"了富庶的美洲大陆,使王室得到了比西班牙本土大几十倍的海外领地,印第安人世世代代积累的金银和矿藏,通过船队被运往欧陆,一个世纪竟达 1.34 万吨！也有资料说，世界上近一半的黄金通过新航线流入西班牙。

葡萄牙和西班牙，就这样通过海航 LINK 资源的方式，进入帝国发展鼎盛时期，并先后成为新的海上霸主。尤其是 16 世纪海上称雄的强国西班牙，被认为是世界上第一个日不落帝国。在 1790 年，其帝国（涵盖殖民地）面积约 2000 万平方米，在欧、美、非、亚均有殖民地。

大西洋贸易的繁茂，使得在 17 世纪，经济、科学及文化的中心已从中世纪商业繁荣和文艺复兴的文化中心德国和意大利北部，转移到受地理大发现好处的大西洋沿岸地区，如法国、荷兰和英国南部；并使得荷兰有机会成为"海上马车夫"，从而取代葡萄牙和西班牙的海上霸主地位。

荷兰成功的秘密又是什么呢？

历史并没有留给这个国家 LINK 新大陆的机会，然而却给了它优化 LINK 效率的重要能力。当葡萄牙和西班牙王室在拼命挥霍掠夺得来的巨额财富时，富有现代商业头脑的荷兰人创造出了为海上贸易服务的多种金融工具，如信贷、复式记账法、银行，乃至后来的证券交易所。

通过这些优化工具，荷兰人借用国家信用背书（国家做担保），从民间募集到支持海上贸易的雄厚资本。世界上最早的股份公司和跨国公司在这样的环境下被孕育出来，1602 年，具有国家职能的荷兰东印度公司成立，主要任务是向东方进行殖民掠夺和垄断东方贸易。这一行为，引领了欧洲一大波海外殖民贸易公司，而更为重要的是，由此建立起的现代公司制度，成为今天商业繁荣的基础。

就是靠着这种早期金融杠杆和现代商业先发优势，到 1560 年荷兰已经拥有 1000 多艘商船，是中世纪欧洲最强大的海上强权威尼斯最强盛时

第二章
LINK 开辟大时代

商船总数的3倍。到1700年，荷兰拥有1万多艘商船，挪威的木材、丹麦的鱼类、波兰的粮食、俄国的毛皮、东南亚的香料、印度的棉纺织品、中国的丝绸和瓷器等，大都由荷兰商船转运，经荷兰商人转手销售。当时的阿姆斯特丹是国际贸易的中心，港内经常有2000多艘商船停泊。

荷兰的崛起，代表着LINK资源之上对LINK效率的追求，尽管荷兰海上地位很快被最早孕育了工业革命的英国所取代，但人类历史无法否认，15世纪大陆资源的一次LINK行为，就决定了其后600多年间的全球格局。

○ 郑氏的遗憾

郑和明明有更多的机会和实力去充当世界资源的LINK者！但是他似乎错过了。

当然，郑和及其西行是伟大的。郑和船队从永乐三年至宣德八年（1405~1433年）七下西洋，历时29年，遍访亚洲、非洲30多个国家和地区。其远航规模之大，令海外诸国叹服。

据《崇明县志》记载，永乐二十二年（1424年），郑和远航归来，由于船大吃水深，竟进不了浩荡的长江。最大的船长约150米，宽约61米，排水量约在2万吨以上，相当于一艘航空母舰。宝船的主桅杆高达72米，相当于24层楼房那么高（按每层高3米计算）。这些数据大到令人难以置信，因为9桅万吨级木质帆船，不仅在明代，即使在当今高科技的时代都是建造不出来的。

不过毋庸置疑，那是当时世界上规模最大、最先进的船队，据英国著名的历史学家——哈佛大学的李约瑟博士估计，1420年间中国明朝拥有的全部船舶应不少于3800艘，超过当时欧洲船只的总和。船队的领导者郑和拥有显赫的身份，是大明朝内官监太监，朱棣心腹，四品大员，地位仅次于司礼监，直接掌管皇室一应采办大权。1487年后哥伦布第一次远航时仅仅招募了88名水手，仅有郑和团队的3‰，其船队仅有3艘轻帆船，其中最大的旗舰"圣玛利亚"不过250吨，也仅是郑和宝船的1/10（见表2-3）。

表2-3　郑和与其他后世海上冒险者的实力对比

船队	船员数量	船只数量
大明郑和船队	每次约27000人	200多艘，宝船40~60艘
哥伦布	88~1500人	3~17艘
达·伽马	170多人	4艘
麦哲伦	265人	5艘

至今学界或者民间，仍旧有部分人士坚定认为郑和及其率领的强大船队早于哥伦布1487年到达美洲，这块大陆的实际"发现者"应该是明朝船队才是。

但是很遗憾，历史并不十分在意谁先登陆了某块大陆，历史更愿意将荣誉和席位留给因为LINK行为改写历史的人。郑和的船队尽管从时间、规模、人力财力等综合实力上都远远领先于其他后来者，但郑氏的LINK语言，是一种纯粹的政治宣传语言，带着明成祖"四海宾服，八方来仪"的政治任务，以及整个帝国庞大的虚荣心理。

坦白讲，这种怪异的"朝贡贸易"方式，说其是"贸易"，但更像一

第二章
LINK 开辟大时代

种政治外交,并奉行"王者不治夷狄,来者不拒,去者不追","厚往薄来"的原则,在这种所谓的"交易"中,为彰显大国国力往往遍地馈赠,广施雨露,大量的绢帛、瓷器、茶叶以及金银钱币,就这样被"大方"地派发出去,至于经济效益,则不在考虑之列。

终永乐一朝,到海外宣谕的使者如过江之鲫,据统计达21批之多。来中国朝贡的使团有193批,从一般使臣到国王本人,往来者不绝,甚至有很多商人以使团之名,来"欺诈"帝国馈赠。

与此同时,西欧各国却在哥伦布航海精神的号召之下,纷纷开展远洋贸易和殖民活动。哥伦布的名言是:"黄金是一切商品中最宝贵的,黄金是财富,谁占有黄金,就能获得他在世上所需要的一切,同时也就取得把灵魂从炼狱中拯救出来,并使灵魂重享有天堂之乐的手段。"所以,在郑和去世的100多年后,西方世界按照商业精神组建的各种股份公司、私人公司散布在世界各地,它们垄断了新大陆、非洲、印度、东南亚与东亚地区的贸易,最终帮助欧洲主宰了海洋,控制了全球贸易和资源分配。

明成祖朱棣最终实现了"万邦来朝"的政治梦想,但他的国库却很快无力支撑这一"盛举",其身后为子孙留下的是一个帝国显赫四海的虚名和实实在在空虚的国库和财政危机,以至于兵部尚书刘大夏要烧毁关于西洋远航的所有档案,理由是:"三保下西洋费钱粮数千万,军民死且万计,纵得宝而回,于国家何益!"

LINK动机和方式的不同,使得郑和与哥伦布等人开辟新航路的结果大相径庭。

东西方文明的发展,在此彻底分道扬镳。前者沉沦,后者奋进。

第二节　工业革命时代

"蒸汽机的历史意义,无论怎样夸大也不为过。"这是《全球通史》作者斯塔夫里阿诺斯做出的评价。

这台意义重大的机器,是人类与机器的首次 LINK。

假如说,人类的未来是人和机器的融合进化,那么起始点确实可以从蒸汽机开始算起。它引领人类进入一个自我解放的新时代,用机器代替手工劳作,而且可以实现规模化、标准化生产,这正是人类梦寐以求的结果。

○ 机器时代

工业革命开启的是机器时代,因此整个工业革命也被称为机器时代（The Age of Machines）。

确切地说,机器时代出现的第一台试图取代人工的机器（半机器）,是一种叫作飞梭的织布工具,且在其后关于机器的一系列发明创造,都集中在纺织行业,这跟英国的产业布局有直接关系。

第二章
LINK 开辟大时代

但是，让机器脱离水源，真正堪称机器始祖的发明，是蒸汽机。恩格斯说："分工、水力、特别是蒸汽力的利用，机器的应用，这就是从18世纪中叶起工业用来摇撼旧世界的三个伟大杠杆。"当然，其中最伟大的只能是蒸汽机的发明和不断优化。

伟大之处在哪里呢？

在于，蒸汽机"发明"了动力，可以驱动一切的动力！这是整个工业革命时代的灵魂。人类由这次伟大 LINK 开始拥有超越自然的力量，进而快速地改造了自己的生活以及世界的方方面面。

一台蒸汽机所带来的惊人改变：

自18世纪晚期起，蒸汽机不仅在采矿业中得到广泛应用，在冶炼、纺织、机器制造等行业中也都获得迅速推广。它使英国的纺织品产量在20多年内（从1766年到1789年）增长了5倍，为市场提供了大量消费商品，加速了资金的积累，并对运输业提出了迫切的要求。

在船舶上采用蒸汽机作为推进动力的实验始于1776年，经过不断改进，至1807年，美国的富尔顿制成了第一艘实用的明轮推进的蒸汽机船"克莱蒙"号。此后，蒸汽机在船舶上作为推进动力历百余年之久。

1800年，英国的特里维西克设计了可安装在较大车体上的高压蒸汽机。1803年，他用它来推动在一条环形轨道上开动的机车，找来喜欢新奇玩意儿的人乘坐，向他们收费，这就是机车的雏形。英国的史蒂芬孙将机车不断改进，于1829年创造了"火箭"号蒸汽机车，该机车拖带一节载有30位乘客的车厢，时速达46公里/时，引起了各国的重视，开创了铁路时代。

19世纪末，随着电力应用的兴起，蒸汽机曾一度作为电站中的主要动力机械。1900年，美国纽约曾有单机功率达五兆瓦的蒸汽机电站。

蒸汽机的发展在20世纪初达到了顶峰。它具有恒扭矩、可变速、可逆转、运行可靠、制造和维修方便等优点，因此曾被广泛用于电站、工厂、机车和船舶等各个领域，特别在军舰上成了当时唯一的原动机。

当国家与机器LINK之后，一个由机器驱动的崭新世界强国出现了。

1770~1840年的70年中，英国工人每个工作日的生产率平均提高了20倍。英国成为世界上最强大的工业国。1840年，英国工业生产在世界工业生产中占45%，而法国占12%，美国占11%。英国不仅是当时最富有的国家，而且成为世界各国的商品供应者，世界各国则成为英国的原料供应地。

到1801~1850年间，英国的出口额增加了6倍，并掌握了世界贸易总额的20%。当时英国生产的棉织品的80%销售到国外，顺带也摧毁了包括中国在内的传统纺织业。

英国不仅是世界各国工业消费品的主要供应者，而且也是工业生产资料的主要供应者。19世纪上半期，煤、铁、机器的输出不断增加。英国作为"世界工厂"的地位确立后，在对外经济政策上就逐步从保护关税政策过渡到了自由贸易政策。因为，环宇之内，已经没有任何国家的商品可以与英国进行竞争，奉行自由贸易的英国，在全球市场所向披靡。

而自由贸易政策，在一方面使英国的先进技术和生产方式在世界得以传播，另一方面也为英国进一步大规模殖民扩张创造了条件[1]。这当然引起了欧洲其他竞争者的不满和畏惧。

---

[1] 参考资料：克拉潘：《现代英国经济史（上卷）》。

第二章
LINK 开辟大时代

当英国廉价机器产品把欧洲其他国家传统产品都排挤出市场后，拿破仑为保护本国商贸，推出一个很不明智的大陆封锁政策，针对性地颁布了《米兰赦令》和《柏林赦令》，目的就是封锁英吉利海峡，禁止英国商品进入欧洲大陆。然而，军事天才拿破仑不懂，市场有其强大的自身规律，处于价值洼地的商品会吸引源源不断的买家出现，于是，商人们穷尽才智偷偷将物美价廉的英国货走私至欧洲大陆，走私贸易一时猖獗无比，最夸张的是，拿破仑士兵穿的军装都是英国制造。

当强国出现时，没有人可以阻挡。而且，对于"强国"这一概念，也产生了根本性的改变。

对比上面大航海时代的强国逻辑，人们会发现，LINK 资源和财富的方式是简单粗暴的掠夺式贸易；而到了工业革命时代，LINK 资源和财富的方式转变为提升效率和展开自由贸易竞争，机器创造财富，强国不再是强大军队和掠夺的代名词，而是强大的基础经济能力。

这一切，拜机器所赐。所以瓦特在生前后世都拥有极高的历史地位。而人类对机器效率的迷恋，也在不断推动着世界的发展。从最开始蒸汽机 10% 的效率，到蒸汽轮机 20% 的效率，再到内燃机 30% 的效率，燃气轮机 40% 的效率提升，人类自己的生活就和机器的进化同步共振了。这种效率的追求，可能直到最后人类自己变成机器后，都不会停止。

在蒸汽机发明后的一百年间，人类所做的工作量相当于以往几千年工作量的总和，并直接改观了人们的 LINK 工具：帆船横渡大西洋需 25~30 天，蒸汽机驱动的轮船约用 17 天，柴油机轮船约为 10 天，协和式超音速客机只需 3.5 小时就可以从巴黎飞到纽约。而未来，人类可能是秒速无线完成传输。

○ 科学从响应到定制

在工业革命时期,人间还未曾出现"科学驱动"这个概念。

人和机器虽然在主动 LINK,但这种 LINK 行为较为原始,因此效率低下。

从第一次工业革命到第二次工业革命,上到国家下到民间,已经意识到发明创造所产生的惊天能量,这促使人们去思考一个问题:科学到底如何影响了工业、财富,乃至全球?

从水力纺织机的发明改造开始,到第二次工业革命的电力时代,科学的 LINK 方式,实际上在由一种"响应式创新"进化为更主动、目的更明确的"定制式发明"。发明家本身的身份、素养、知识、社会地位,也发生了根本性的改变。

从两次工业革命主要发明者的身份变化可以看出(见表 2-4),发明创造从直接劳动参与者转变到职业发明者身上。从 1870 年以后,科学开始成为所有大工业生产的一部分,科学家作为一个身份和职业被从社会分工中独立出来,与之相匹配的工业研究实验室装备着昂贵的仪器和训练有素的科学家,它们取代了孤独的发明者的阁楼和作坊。

表 2-4　　　　两次工业革命中发明者的身份对比

所属时代	代表人物	发明时的身份	发明或改进的标的物
第一次工业革命	约翰·凯伊	纺织工人	飞梭
第一次工业革命	哈格里夫斯	木匠	"珍妮"多轴纺纱机
第一次工业革命	塞缪尔·克隆普顿	纺纱工人	骡机
第一次工业革命	詹姆斯·瓦特	学校仪器维修员	蒸汽机

第二章
LINK 开辟大时代

续表

所属时代	代表人物	发明时的身份	发明或改进的标的物
第二次工业革命	维尔纳·冯·西门子	物理学家	发电机
第二次工业革命	齐纳布·格拉姆	工程师	电动机
第二次工业革命	卡尔·本茨	机械工程师	内燃机驱动的汽车
第二次工业革命	亚历山大·贝尔	声学生理学家	电话
第二次工业革命	阿尔弗雷德·诺贝尔	化学家、工程师	炸药

至此，发明由个人对机会做出响应的结果，转变为一种事先安排好的创造，实际上就是定制的发明。人类和机器的 LINK，变得史无前例地主动起来。

沃尔特·李普曼将这种新形势描述为：

从最早的时代起，就有机器给发明出来，它们极为重要，如轮子，如帆船，如风车和水车。但是，在近代，人们已发明了做出发明的方法，人们已发现了做出发现的方法。机械的进步不存是碰巧的、偶然的，而成为有系统的、渐增的。我们知道，我们将制造出越来越完善的机器；这一点，是以前的人们所未曾认识到的[1]。

当然这时，整个社会对发明者的态度也产生了巨大变化。

当年，身为工人的约翰因为发明飞梭使织布效率大大提高，被抢了饭碗的工人们愤怒到多次袭击约翰的住所，致使这位开启工业革命发明序列

---

[1] 参考资料：斯塔夫里阿诺斯：《全球通史》。

的发明者不得不藏在羊毛袋中逃亡法国,并最后客死他乡;富尔顿拿出他的作品蒸汽轮船时,被时人笑为"富尔顿的蠢物";史蒂芬孙在第一次修建铁路时,被大家看作怪人,走在街上会有人从后面丢石头袭击他……

最终改变人们态度的,当然还是财富——发明所创造的惊人财富。

早在1624年,作为工业革命第一梯队强国,英国就开始实施《垄断法规》,该法律明确写道:把专利权授予最早的发明者,专利权的对象是新创工业领域中的最早的发明,专利年限在14年以内。

这自然是发明家们的福音。根据统计,到1851年为止,英国总共颁发了13023项专利。英国政府通过法律的手段,有力地促进和保护了私人的发明积极性。同时,为了鼓励创新和发明,英国还慷慨给予发明者各种尊荣和现金经历。如授予水力纺纱机的发明者爵士头衔;奖给骡机发明者5000英镑;奖给水力织布机的发明者1万英镑。水力织布机发明于1785年,这是亚当·斯密生活的年代,这位经济学家在其名著《国富论》中提到:制造业工人的年薪是15英镑。那么也就是说,阿克莱特因为改进发明了水力织布机而得到了将近700年的收入,那是一份巨额财富。

所以,同时代的媒体刊物才会这样热情洋溢地写道:"工程技术的贡献大于战争和外交;它的贡献大于教堂和大学;它的贡献大于抽象的哲学和文学;在改变社会方面,它的贡献大于我们法律所做的贡献……"

兼具发明大家和企业大家两种身份,是工业革命中成功发明家们的普遍特点(见表2-5)。通常,创造伟大发明的天才,同时也会孕育出至少一家伟大的公司。爱迪生的通用电气,至今仍旧是世界上最大的提供技术和服务业务的跨国公司;卡尔·本茨的奔驰汽车公司,是世界最著名的汽车公司之一;贝尔的美国电话电报公司(AT&T),在近120年中,曾经过多次分拆和重组，但目前仍是美国最大的本地和长途电话公司，曾长期垄断美国长途和本地电话市场；诺贝尔，这位当时欧洲最富有的"流浪汉"，生前创办的诺贝尔公司在100多个国家拥有分公司或分支机构，积累了连他自己都无法计算清楚的巨额财富，死后将所有资产变为现金，约920万美元（相当于现在5亿多美元）作为基金，将每年所得利息分为5份，设立物理、化学、生理或医学、文学及和平5种奖金，即今天的诺贝尔奖。

表2-5　　　　第二次工业革命代表发明家的实验室与公司

人物	尊称	所创立的研究室	所创立的企业
托马斯·爱迪生	发明之王	门罗公园实验室	通用电气（GE）
卡尔·本茨	汽车之父	/	奔驰（MB）
亚历山大·贝尔	电话之父	贝尔实验室	美国电话电报公司（AT&T）
阿尔弗雷德·诺贝尔	诺贝尔奖之父	/	诺贝尔跨国公司

正因为科学家兼具了企业家的身份，才使得他们的发明创造定制化、市场化，实业驱动性更明显，正如爱迪生所说，除了他的第一项发明——投票计数器外，他再没有发明过人们不需要的东西。而且，很多发明创造，都来自实验室集群工作的定制创造。例如，爱迪生发明了最喜爱的留声机后，准备给眼睛留点东西，于是电影摄像机被发明出来了。

时至今日，人类的科技创新发明一直沿此道路向前更快飞跃，科学和实业的结合日益紧密。

正如上帝所说："要有光！"于是就有了光。

乔布斯说："要有新一代的手机。"于是就有了iPhone。

更主动的创新发明，就有了更直接高效的资源LINK。

○ 人类告别田园牧歌

"上帝创造了乡村，人类创造了城市。"英国诗人库伯如是说。

伴随着激烈的工业变革，人类规模性群体性地告别了持续千年的田园牧歌生存方式。由于人类和机器的 LINK，导致了这场运动持续至今，并且也改变了从前人们自然、感性、自给式的 LINK 方式，在城市化进程中，人就像机器一样，情感逐渐疏远，因社会分工建立起来的彼此诉求逐渐紧密。

简而言之，城市化让人们不再直接需要彼此，因为他们直接得到了彼此的服务，而这一切都是通过工业化的分工合作和城市化的服务体系来实现的。

人们彼此 LINK 得如此紧密，但人们又如此陌生。

这一迁徙洪流，始于英国工业革命，随后漫卷全球，至今不息。自 1760 年工业革命开始，英国用了 90 年的时间，成为世界上第一个城市人口超过总人口 50% 的国家[①]，在英国快速建设现代城市时，世界其他部分地区的贵族和乡绅，尚且在广大乡村施展着他们的影响力，整个世界的城市化率仅为 6.5%，整个人间尚且松散而慢调。

但这并不能说明英国人对城市建设情有独钟，相反，他们至今极其热爱乡村，城市的集体出现繁茂最早只不过是伴随大型工厂而出现的附属物。

随着采矿业的兴起而发展起来的钢铁、冶金、机械制造、石油化工、建材、纺织特别是重化工业的建造，企业的规模空前扩大。一些工厂的工

---

① 参考资料：邬沧萍：《世界人口》，中国人民大学出版社。

第二章
LINK 开辟大时代

人就有成千上万人，厂房占地面积也是以前小作坊的几十倍甚至几百倍，这样本身就是一个小城市了。

正如 M.W. 苏思在他的著作中描述的一样："有些完全是新兴的城镇出现了，它们起初是一些小村庄，但很快就扩大为具有一定规模的城市。"[1]

例如：格拉斯哥在 18 世纪末还是一个默默无闻的小城镇，但到了 1831 年已经是一个拥有 20 万人口的大城市了，靠的就是拥有 60 多条汽船和 107 家纺织厂[2]。

伯明翰，16 世纪时还是一个小村镇，人口不到 500 人。工业革命一开始，兴建了铁工业区的伯明翰，成为英国最大的生产中心。1760 年，在伯明翰年总值约 60 万英镑的铁工业品中，大约就有 50 万英镑的产品提供出口之用；1801 年人口一下子增至 7.4 万人，并保持快速的增长趋势。在工业化的带动下，伯明翰依靠着自己的钢铁工业，超过了曼彻斯特和利物浦，成为英国第二大城市[3]。

仓促和毫无经验的城市化，使得早期城市生活并不美好，马克思在《资本论》中简直将之痛斥为地狱："在伦敦，拥有 1 万人以上的贫民窟约有 20 个，那里的悲惨景象是英国任何其他地方都看不见的，就说是地狱生活，也不算过分。"而且工业污染也很严重，雾都伦敦，成为一个时代的见证，在当时使 4000 多人丧生。然而那时的人们对此并没有今天的认识，甚至认为伦敦的靡靡雾气是现代化先进性的象征，甚至认为吸食煤烟对健康有益。就像刚刚进入城市的乡民们，依然固执地圈养家畜，随地大

---

[1] 参考资料：M.W. 苏思：《1870 年以来的英国社会经济史》，麦克米兰出版社。
[2] 参考资料：钱乘旦：《英国史论文集》，生活·读书·新知 三联书店出版。
[3] 参考资料：林秀玉：《工业革命与英国都市化特征之探析》，《闽江学报》，2004 年第 6 期。

小便一样，整个世界都不知道城市应该是什么面貌。

人们所能直接感受到的是，通过人群的规模化作业，人和机器的生产效率都达到了史无前例的高度，正如恩格斯对伦敦的评价一样："这样的城市是一个非常特别的东西，这种大规模的集中，250万人聚集在一个地方，使这250万人的力量增加了100倍。"

1825年，英国建造了世界上第一条铁路。1836年，英国修建了25条新铁路，总里程到达1600多公里，到1855年达到12960公里，内陆铁路运输网逐渐形成。在19世纪50年代，英格兰的大中城市都通了火车，大部分地方离火车站的距离已在16公里以内。

在运河的开凿方面，自从1761年开凿了从沃斯利到曼彻斯特的第一条运河以后，到1842年，英国已修建了3960公里的人工运河，曼彻斯特、伯明翰成了著名的运河枢纽。

历史留下这样的评价："在几乎不到30年的时间，整个大不列颠的地面上都开了四通八达的航路。"汽车、运河、汽船、公路、铁路等把英国的内陆城市和沿海城市连成一片，大大促进了商品流通和人口流动，同时带动了许多相关的商贸服务业的发展：建筑业、邮政业、商业服务、金融业等。伦敦这个16世纪末的欧洲贸易中心成为名副其实的世界最大的经济中心城市，整个英国成为世界人口迁徙第一目的地。

向往新世界企图寻找机会的外来移民蜂拥而至，外来移民和本国人口大量进入城市，导致城市人口不断膨胀：大约在1800年，大不列颠只有一个大城市，那就是伦敦，仅有100万人口；到1850年伦敦人口就增加到236.3万人，其余城市也陆续发展起来。1851年，英国的城市人口已经占全国人口的52%，而1870年，英国城市人口比例上升到65.2%，1890

第二章
LINK 开辟大时代

年又上升到 74.9%，1910 年更达 78.9%，从而成为高度城市化的国家[①]。

这场运动，英国只是先头部队，随后整个西欧快速跟进。结果就是，西欧变成了世界级的大城市，而广大亚、非、拉国家则成为一个"大农村"，火车、蒸汽轮船等机器 LINK 着这两者，以使"大农村"的资源源源不断地供养给城市。城市享受着红利，而农村付出了代价。

同时，由于过于激进和集中的城市化，也导致了"反城市化"现象的出现。到 19 世纪末，英国出现了郊区城市趋势，有钱的中产阶级住在郊区的庭院别墅中，每天坐火车到市中心上班，这就是《广告狂人》中唐·德雷柏的生活写照。

郊区化，从某种方面讲只是表达了人们摆脱拥挤城市的强烈渴望，却并没有摆脱因为社会分工协作带来的强 LINK 状态，虽然有钱人可以住在郊区，但他们的事业必须以城市为核心。这是工业革命时代持续至今的典型，不过好消息是，伴随信息化和更高阶智能革命时代的到来，人类 LINK 方式由线下到线上，并且逐步摆脱身体局限，尤其是 AR、VR 等新技术的发展，面对面交互工作将成为最低效的 LINK 方式。换言之，未来人类或许终将回到乡村，回到自然。

在这个并不美好的轮回中，至少可期待的结果是美好的。

[①] 参考资料：卡洛·M.奇波拉：《欧洲经济史（第三卷）》，商务印书馆；米歇尔·博德：《资本主义史》，东方出版社。

第三节　信息革命时代

信息革命的另一种说法，叫作互联网时代的到来。

这也是一个堪称伟大的时代，人类以从未有过的效率紧密 LINK 在一起。

伟大的管理大师德鲁克接受采访时说："互联网消除了距离，这是它最大的影响。"

从此，人类彻底跨越空间，实现无缝 LINK。

○ NEW—创世纪

1969 年，美国国防部高级研究计划管理局（ARPA：Advanced Research Projects Agency）开始建立一个命名为 ARPAnet 的网络，把美国的几个军事及研究用电脑主机连接起来。

当初，ARPAnet 只联结 4 台主机，48 年之后，有近 40 亿人在互联网上互相 LINK，单季 PC 出货量就有 6500 万台。2017 年移动终端的数量将会达到 100 亿，移动智能手机的数量将会达到 28 亿，这意味着拥有智能手机的

第二章
LINK 开辟大时代

人口数，比今天拥有银行账户的人数还要多。

近 30 年来，人类创造的知识总和大概等于过去两千多年的总和，生产效率和资源 LINK 能力达到史无前例的水平。

以现代互联网经济发展代表中国为例，2016 年全国数字经济总量已占据全国 GDP 总量的 30.61%，已成为国民经济的重要组成部分。互联网+数字经济指数每增长一个点，GDP 就能增长 1406.02 亿元。截至 2016 年年底，我国"互联网+"数字经济指数增加了 161.95 点，据此估算，2016 年全国数字经济总量达到了 22.77 万亿元，占据全国 GDP 总量的 30.61%①。

而这一切，都是从第一台计算机——ENIAC 的诞生和互联网创世开始的。

ENIAC 重达 27 吨，占地面积 160 平方米，令人哭笑不得的是，它的耗电量超过 174 千瓦/小时，据说在使用时全镇的电灯都会变暗；而且它的电子管平均每隔 15 分钟就要烧坏一只，科学家们不得不满头大汗地不停更换。但是，ENIAC 每秒能执行 5000 条指令，在当时的情况下它的运算速度比电动式计算机快 1000 倍。当然，现在一台普通 iPhone 每秒就能响应 250 亿条指令。

1.0 和 1，LINK 世界

在数字世界里没有影像、没有言论、没有曼妙的音乐和令人沉迷的游戏，只有一个个的数字"1"和"0"。这两个简单数字相互 LINK，在 20 世纪与 21 世纪之交，引领整个世界进入了数字化生存的时代。

莱布尼兹认为，这两个基本素数，其进位制就是二进制，是世界上数

---

① 参考资料：2017 腾讯研究院发布的《中国互联网+数字经济指数（2017）》。

学进制中最先进的。而计算机是20世纪被称作第三次科技革命的重要标志之一，其运算模式正是二进制。0和1，1表示通电，0表示断电；或1表示磁化，0表示未磁化；或1表示凹点，0表示凸点。二进位制的一个数位正好对应计算机介质的一个信息记录点。

"1"和"0"从此组成了一个独立王国，在这个世界上，所有的东西都可以用0和1来计算、存储与表达，包括所有的过去，以及未知的未来。

2. 通过 TCP/IP 协议 LINK 全世界

所有计算机生来都是平等的，但却不是生来就相互连接的。

最开始的计算机产生于军方需求和学院智慧的交互，由于资金、诉求及研发者不同，这些电脑生来就被设计成不一样。尽管在阿帕网（ARPA）产生运作之初，通过接口信号处理机实现互联的电脑并不多，但大部分电脑也是无法相互 LINK 的。

在一台电脑上完成的工作，很难拿到另一台电脑上去用，想让硬件和软件都不一样的电脑联网，面临重重困难。就像今天的苹果 IOS（由苹果公司开发的移动操作系统）和安卓系统一样，彼此格格不入。当时美国的状况是，陆军用的电脑是 DEC（美国最大的计算机制造商之一）系列产品，海军用的电脑是 Honeywell（一家高科技先进制造企业）中标机器，空军用的是 IBM（美国国际商用机器公司）中标的电脑，每一个军种的电脑在各自的系里都运行良好，但弊病显而易见：不能共享资源。

一个统一的 LINK 规则，在美国国防部的资助之下呼之欲出。

经过十几年的努力，直到1983年的1月1日，TCP/IP 协议取代了旧的网络核心协议 NCP（Network Core Protocol），统一了计算机的交互规则，使得在互联网上的所有主机之间有着共同的协议，这些主机的连接必须遵守同样的规则,这个协议或者说规则就是 TCP/IP。其中,包含计算机的两个最古老协议:TCP 传输控制协议和 IP 互联网协议。

从此,计算机和计算机之间,可以平等进行交互连接。由此,互联网走进并改变了全世界。

3. 万维网,LINK 的世界是平的

又过了大约十年,在 1991 年 8 月 6 日,伯纳斯·李将与万维网(World Wide Web,简称 WWW)项目相关的总结文档上传到互联网上,这是第一个出现在互联网上的万维网网站。这一刻,全球网络资源唯一认证的系统:统一资源标识符,被发明出来。

万维网当然诞生于互联网之中,但它解放和重塑了整个互联网,大大提升了网络信息的 LINK 效率,也改变了全人类创造、组织和传递信息的方式。今天,万维网几乎成了互联网的代名词。通过它,加入其中的每个人能够在瞬间抵达世界的各个角落,使用户可以和分散于这个行星上不同时空的其他人群相互联系,使得全世界的人们以史无前例的巨大规模相互交流。所以,万维网被称作人类历史上最深远、最广泛的传播媒介,使得互联网在最大程度上得以普及。

28 年之后的 2017 年,计算机世界最高荣誉颁发给万维网的创造者。在颁奖词中,图灵奖官方写道:"蒂姆·伯纳斯·李爵士于 1989 年发明了万维网,设想了一个全球信息空间,其中可以用统一的名称区分不同的文件和其他网络资源,可以以标准方式检索文档和资源,并且可以通过超文本链接连接到不同文档的位置。"

但最能赢得人们尊敬的是,万维网以建立开放的标准闻名,伯纳斯·李没有申请相关技术的专利,任何人都可以免费使用。如果当初他申

请了万维网发明专利,毫无疑问,他将是世界上最富有的人。

"之所以会创立万维网,是因为我在很长的时间里,慢慢地认识到一点,如果把各种思想按照一种网状的形式连接起来,且对连接的形式不做任何的强制规定,那么将会产生一种强大的创造力。万维网的设计理念就是这样产生的。"[1] 伯纳斯·李如此回忆万维网的创造过程。

互联网是献给每一个人的。互联网和它的载体一样,生来平等。

在 1991 年,当伯纳斯·李发布 http://info.cern.ch 时,只有一家网站可用。时至今日,网络监测公司 Netcraft(位于英国)3 月份统计显示,全球网站数量已经超过 17.6 亿家。互联网先驱们的伟大创世举措,令无数人拥有了在某一领域重新创世的机会。

今天,由互联网掌控的世界发展日新月异,每天每分每秒都在发生奇迹。它的速度是 30 万公里/秒的光速,范围是全球,距离是零,容量是无限,时间是 24 小时,鼠标对鼠标。它突破了国家、地域、政治、语言之间有形和无形的疆界,将一切平等、紧密、瞬间地连接在一起。

○ 人和机器的第二次握手

"为电脑编程序是个非常激动人心的事。你建立一个自己的宇宙,而这个宇宙是由你来管理的。只要把程序编好,就可以让电脑做任何事情。这简直就像小孩堆沙子玩的沙箱,里面的每一粒沙子都在你的控制之下。"迷恋互联网带来创世感的绝对不止文顿·瑟夫一人,当然,文顿·瑟夫创

---

[1] 参考资料:史蒂文·约翰逊:《伟大创意的诞生:创新自然史》。

第二章
LINK 开辟大时代

造了伟大的 TCP/IP 协议,使电脑和电脑可以平等握手。

整个互联网信息时代,就是人类与机器的第二次握手,这次 LINK 带来的变革,掀起了一次自下而上的社会新浪潮,新青年一代和新一代的财富,新一代的价值观和新一代的社会关系,都在一个虚无缥缈的网络王国中建立起来,在这里,新秩序代替了旧秩序,在"所有电脑都生来平等"的信条背后,是所有人生来平等的一种延伸和强调,这一次 LINK 对人类的伟大意义在于:互联网在全世界范围内重新赋权于网络公民,权力在真实世界中悄然发生转移,在网络空间解构重组。

1. 互联网摧枯拉朽解构一切

互联网的平等精神源自网络的"分布式"架构,互联互通的网络本身就是开放的象征。在平等与开放的基础上,基于 IP 为基础的人与物、人与人和物与物的连接和互动使整个社会成了一张互联网。

"分布式"所体现的价值核心,就是"去中心化"。这两个概念近来被区块链重新刷屏互联网,且人们普遍相信,这种"去中心化"的趋势,正符合当今社会解构重建的潮流。

比尔·盖茨曾经说过这样一句话:"你甚至不知道和你交流的对方是人还是一条坐在电脑前会敲击键盘的狗。"在虚拟空间中,人与狗都失去了界限,那么平民与权贵、屌丝和大佬、高阶和低弱自然也就丧失了现实世界的界限,任何人可以任何时刻向全世界发出任何言论,偶像坍塌,阶层解构。

西班牙人曼纽尔·卡斯特在其雄心勃勃的著作《网络社会的崛起》中,系统且不无创见地描绘了"信息时代网络社会的完整样貌"。卡斯特指出,权力正从国家向网络转移,旧的国家结构崩溃了,与之伴随的是无序网络组织力量施以新模式的行为和新形式的社会组织。总而言之，我们的社会结构正由信息技术通过创建新形式的社会互动而转变，这些社会互动正"取代了一体化的等级制度作为社会组织的主导形式的地位"。

社会权力伴随这种变化发生了大迁移，在2008年的美国总统选举中，奥巴马因为善于使用互联网与广大选民互动（彼时世界，选民和网民已经规模化彼此覆盖了），成功当选，并被称为"网络总统"。2016年，特朗普击败希拉里，逆袭成功当选第58届总统，而这位地产商因为热衷在社交媒体大放厥词，因此又被称为"推特总统"。

网络世界，正在强势渗透现实权力，并成为其中最为重要的一股力量。

2. 新一代创世和财富再分配

福布斯发布了2017年度世界富豪排行榜，根据《福布斯》财富榜和乐施会的调研报告，统计得出的全世界最富有的14人中有10人来自科技圈：

第14名：戴尔公司创始人——迈克尔·戴尔，净资产198亿美元；

第13名：苹果创始人乔布斯之妻——劳伦娜·鲍威尔，195亿美元；

第12名：微软前CEO——史蒂夫·鲍尔默，215亿美元；

第11名：阿里巴巴创始人——马云，227亿美元；

第10名：谷歌创始人——谢尔盖·布林，292亿美元；

第9名：谷歌创始人兼现任CEO——拉里·佩奇，297亿美元；

第8名：彭博社创始人——布隆伯格，400亿美元；

第7名：甲骨文主席——拉里·埃里森，436亿美元；

第6名：脸书创始人——马克·扎克伯格，436亿美元；

第二章
LINK 开辟大时代

第5名：亚马逊创始人——贝索斯，452亿美元；

第4名：电信大亨——卡洛斯·斯利姆，500亿美元；

第3名："股神"——巴菲特，607亿美元；

第2名：Inditex（世界上最大的服装零售集团）创始人——阿曼西奥·奥特加，670亿美元；

第1名：微软创始人——比尔·盖茨，750亿美元。

除做媒体的布隆伯格，做通信的卡洛斯·斯利姆，做投资的巴菲特，做服装的阿曼希奥·奥特加以外，其余十人均依靠互联网创业成功后获得了巨富身份。而且，这些富豪们最大的集中特点就是：年轻时，就已经很成功，并且很富有。

比尔·盖茨19岁创立微软，31岁成为亿万富翁；乔布斯21岁，在车库中创立苹果，2017年苹果是全球第一家市值超过8000亿美元的公司；24岁的谢尔盖·布林和自己的大学同学拉里·佩奇共同创建谷歌，目前总市值6400亿美金；马克·扎克伯格，23岁依靠在大学宿舍中创建的社交网站脸书成为世界最年轻的亿万富翁……这样对比一下，就会发现中国全民"爸爸"马云在35岁才创建阿里巴巴，已经属于大器晚成行列。

新一代的互联网创世者们，用他们的聪明智慧重新分配了社会财富，并逐渐掌握强势话语权。以美国为例，在奥巴马的八年任期之内，美国科技行业蓬勃发展。社交网络成了水和空气之后的新必需品，智能手机则作为访问社交网络及其他几乎一切互联网服务的首选设备，进入了每个人的口袋。在这八年里，苹果、谷歌、脸书和微软，从某种程度上代替了美孚、通用电气和沃尔玛，它们的股价和新产品发布成了产业界最重视的指标和事件，它们的表现影响着美国经济的整体走势，科技在美国成了汽车和房地产之后新的经济驱动力。2016年总统大选，代表传统商业思维和企业逻辑的特朗普上台后，美媒的报道是"硅谷哭声一片"。

反观中国，互联网大佬马云、马化腾们不仅成为青年一代尊敬的创业领袖，更频繁与政界高层战略决策互动，"理想还是要有的，万一实现了呢"成为现下中国年轻人自我调侃和激励的信条。

在世界范围内，由这些变化似乎在反馈这样一条趋同的信息：在当下风起云涌的移动互联网时代，东方正在赶超西方。中国人在和机器第二次握手的后半阶段，终于站在了LINK最为紧密的前排。

2017年，"双马"公司更是超越"宇宙第一大行"工商银行，成为市值破3000亿美金的巨无霸。互联网一代的强势成功，不仅因为他们攫取财富的能力才赢得世人尊敬，更因为他们大多单枪匹马白手起家，他们破除垄断，提高效率，分享互联网的普惠价值观，倡导竞争，真正以客户、产品为中心。

○ 人类在变蠢吗？

福克斯在2006年拍了一部科幻电影《蠢蛋进化论》，五角大楼制定了一项"人类冬眠计划"，其目的在于为军队贮备人才，等最需要的时候招之即来。资质平庸的普通列兵乔·鲍沃斯作为"冬眠计划"的对象，参与这项绝密实验。不料实验出错，他在500年后醒来，发现他变成了地球上最聪明的人类，而地球上的其他人类已经退化成为名副其实的蠢蛋，他们大口吃垃圾食品，用可口可乐灌溉土地，推选一个拳击选手担任总统……

人类的未来真的如此愚蠢不堪吗？

第二章
LINK 开辟大时代

这不仅是电影的自娱自乐,《哈佛商业评论》原执行主编尼古拉斯·卡尔曾经公开发问:"谷歌在把我们变傻吗?"并写了一本叫作《浅薄:互联网对我们的大脑做了什么?》的书,在这本入围普利策最佳非虚构作品的书里,卡尔的主要观点是人类对互联网的依赖使自己失去了深入思考的能力。事实上,人类正在把记忆和逻辑外包给电脑,"一旦记忆外包,文明就会消亡。"因此,卡尔的结论是:人类遭遇了互联网的侵犯。

《浅薄》成书之时,脸书、推特不过刚刚起步,而微信、Snapchat(一款图片分享应用,中文名为"阅后即焚")还没有诞生。搜索引擎和电子邮件被认为是至蠢毒物,但过了短短几年,智能手机的迅速普及让人将更多的思考交给手机以及里面种类繁多的APP,离开了手机,人们很快就失去原本拥有的常识,甚至是观察周围简单事物的能力。

移动互联时代,人类LINK了一切,唯独遗失了智慧和深邃?

碎片化、娱乐化就像"阅后即焚"这个APP的名称一样,人们正在集体抛弃思考和沉淀,完整的精神世界变成碎片。

机器延展了大脑的信息存储功能,成为一个外化的智能大脑,因此,人类不再需要存储信息本身,只需要知道如何、在哪里找到信息即可。

人类,越来越像一个编程简单的机器。而机器——计算机反而在越来越"人化"。

这一趋势似乎在预示着:人和机器的LINK终将融为一体。

第四节　智能革命时代

电影《阿凡达》中，潘多拉星球人身上长了一个可以随时接驳一切生物的智慧神经元，无层级，扁平化，每个独立单元可以直接LINK。这似乎就在描绘未来的互联网时代，在移动互联之后，以"人工智能机器崛起"为代表的智能革命时代。

这个时代，对人类来说同时充满了渴望和忧虑。而且，最大的关键是，它并不遥远。

近年，谷歌做了一件大事，将公司重组为Alphabet公司，原谷歌成为该公司隶属公司，把原来的搜索引擎、YouTube和Android以及之外的Calico（生命工程相关）、GoogleVentures（创新投资部门）、GoogleX（研发自动驾驶汽车、智能隐形眼镜和提供互联网服务的热气球等）都归到Alphabet旗下。

这意味着，谷歌所代表的互联网时代正在终结。Alphabet将作为智能革命的代表走向前台。互联网企业的标签，不再"cool"了。

第二章
LINK 开辟大时代

○ 加速回报定律[①]

未来学家、《奇点临近》作者雷·库兹韦尔认为，伴随技术的发展，人类也会加速发展，他将这一规律定义为：加速回报定律（又称为"库兹韦尔定律"）。之所以会发生这种规律，是因为一个更加发达的社会，能够继续发展的能力也更强，发展的速度也更快。

雷·库兹韦尔强调，整个20世纪100年人类的知识累积，相当于21世纪20年达到的量能。换言之，21世纪的发展速度是前100年的5倍。从2000年开始，只要花14年就能达成20世纪的发展总和，而后2014年只要花7年时间，就又能达到一个20世纪，如此快速循环，不消几十年，人类每年就可以完成几个20世纪。库兹韦尔依据加速回报得到的判断是，人类在21世纪的进步将是20世纪的1000倍。见图2-1。

如果这个推论得以成为现实，那么不远的2030年，世界就会发生巨变；2050年，整个世界会面目全非。那时，AI的智能程度可能已经超过人脑。

关于AI这个人类扑朔迷离的未来，科技界普遍认为可以分成三个主要阶段：弱人工智能、强人工智能和超人工智能。

弱人工智能 Artificial Narrow Intelligence（ANI）：是指擅长于单个方面的人工智能。比如AlphaGo（阿尔法围棋，又译为阿尔法狗）是可以战胜世界象棋冠军的人工智能，但是它可能只会下象棋，在其他领域则一窍不通。

强人工智能 Artificial General Intelligence（AGI）：是指人类级别的人工智能，可以在各方面和人类比肩，人类可以进行的脑力活动AGI都能完成。当然，创造强人工智能比创造弱人工智能难得多，至少目前还没有达到

[①] 参考资料：雷·库兹韦尔：《奇点临近》；蒂姆·厄本：《人工智能革命：通往超级智能的道路》。

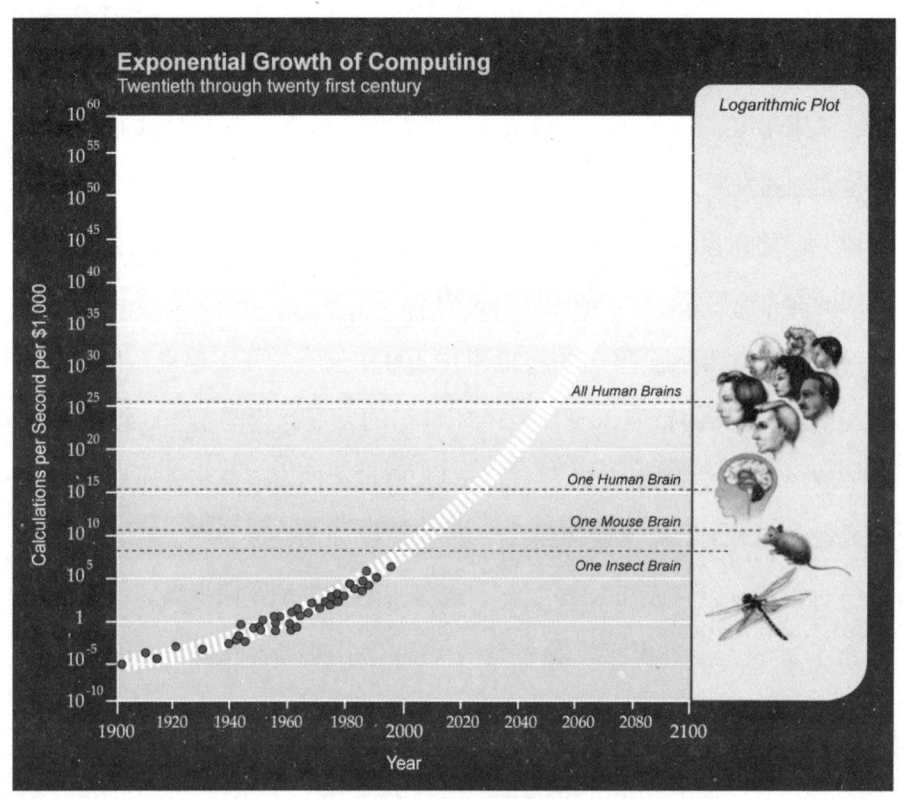

图 2-1　1000 美元所能购买的计算机算力图表

按照该图表所显示的速度，人类社会发展到 2025 年时，就可以花 1000 美元买到可以和人脑运算速度相抗衡的"超级电脑"。

资料来源：蒂姆·厄本：《人工智能革命：通往超级智能的道路》

该程度。强人工智能观点认为计算机不仅是用来研究人的思维的一种工具；相反，只要运行适当的程序，计算机本身就是有思维的。拥有"强人工智能"的机器不仅是一种工具，而且本身拥有思维。"强人工智能"有真正推理和解决问题的能力，这样的机器将被认为是有知觉、有自我意识的。

超人工智能 Artificial Superintelligence（ASI）：牛津哲学家、知名人工智能思想家《超级智能》（Superintelligence）一书作者尼克·波斯特洛姆认

第二章
LINK 开辟大时代

为："ASI 在几乎所有领域都比最聪明的人类大脑都聪明很多，包括科学创新、通识和社交技能。"超人工智能可以是各方面都比人类强一点，也可以是各方面都比人类强万亿倍的。ASI 的出现以及出现方式和规则，决定着人类未来的命运。

回到库兹韦尔的思维中去，现在人类正处于弱人工智能时代，虽然看起来就像地球早期烂泥里的氨基酸，但可能在突然之间就组成了新生命，并进而主宰这个星球。

目前，关于从 ANI 到 AGI 的跳跃奇点预期在整个科学界还存在不同的观点，但共同之处是比大多数人想象的都要快。2013 年的时候，尼克·波斯特洛姆做了个问卷调查，对象是数百位人工智能专家，问卷的内容是"你预测人类级别的强人工智能什么时候会实现"，并且让回答者给出一个乐观估计（强人工智能有 10% 的可能在这一年达成）、正常估计（有 50% 的可能达成）和悲观估计（有 90% 可能达成）。

当把大家的回答统计后，得出了下面的结果：

（1）乐观估计中位年（强人工智能有 10% 的可能在这一年达成）：2022 年

（2）正常估计中位年（强人工智能有 50% 的可能在这一年达成）：2040 年

（3）悲观估计中位年（强人工智能有 90% 的可能在这一年达成）：2075 年

也就是说，从持中水平讲，科学家们觉得 2040 年强人工智能就将出现，该年份距今只有 23 年。那是怎样的一种场景呢？

一个弱人工智能，花费几十年时间达到人的智力水平。当这个所谓的

"奇点"发生时,电脑对于整个世界的认知能力和一个 4 岁左右的小孩差不多。但是,在这个奇点之后短短 1 小时之内,电脑就掌握了人类最高深的量子物理学,推导出广义相对论和量子力学。然后又是一个可怕的 1.5 小时,强人工智能进化成为超人工智能,如同智能大爆炸一般就达到了普通人类的 17 万倍。

正如库兹韦尔所说:"当一个超人工智能出生的时候,对人类来说就像一个全能的上帝降临地球。"

○ 人类与机器最后的握手

在整个智能革命时代,是人类与机器最后的握手。最终,人类可能通过与机器的无限 LINK,从而发明永生或自取灭亡。所以,智能革命对整个世界来说,即是起点,也是终点。

虽然充满了冒险感,但无人可以阻挡这一进程。因为这个世界上没有任何一个政府、机构、商业公司乃至个人,能抵制住算力和智能无限提升后所带来的效率和社会产能变革。更高、更快、更强,以及更多的攫取能量 LINK 财富,这是一场全球范围内最顶尖者才能入场的竞争,凡有资格入场者,都会拼命"赴死",没有人会中途退场。

2016 年时任美国总统的奥巴马提交给国会一份 435 页的报告,这份报告来自于经济顾问委员会顶级智囊团队。其中一个重要的章节介绍机器人:"尽管机器人带来的实业风险和焦虑情绪无法免除,但是机器人能显著提升生产力和劳动力增长,占到 10% 的 GDP 增长和 16% 的劳动生产力增长……美国经济在走下坡路,或者说我们还没有做出成效,都不是真实

第二章
LINK 开辟大时代

情况,真实情况是——以及众多美国人感到焦虑的原因——是经济正在以深远的方式变革,这种变革在大衰退(2007年金融危机)之前很久就开始。今天,科技不只是在取代组装流水线上的工作,而是在影响任何可以被自动化的工作。"①

美国政府和企业已经开始在"人机智能时代"发力,并且大胆地憧憬美国制造业凭借机器人得以复兴,而机器人技术也开始向服务业和商业转移。

在特斯拉号称全球最智能的生产车间中,除了150台机器人外,已经很难再找到工人的身影。从原材料加工到成品组装,其生产自动化程度已接近百分之百。作为美国智能制造的标杆性企业,特斯拉耗巨资打造"超级工厂",抢跑AI工业反映了全球工业升级换代的"不惜代价"。全世界的工业赛道国家或准备在这方面有所企图的机构,都在规模化工业4.0上展望未来,毫无疑问,下一个世界强国将诞生于智能工业。见图2-2。

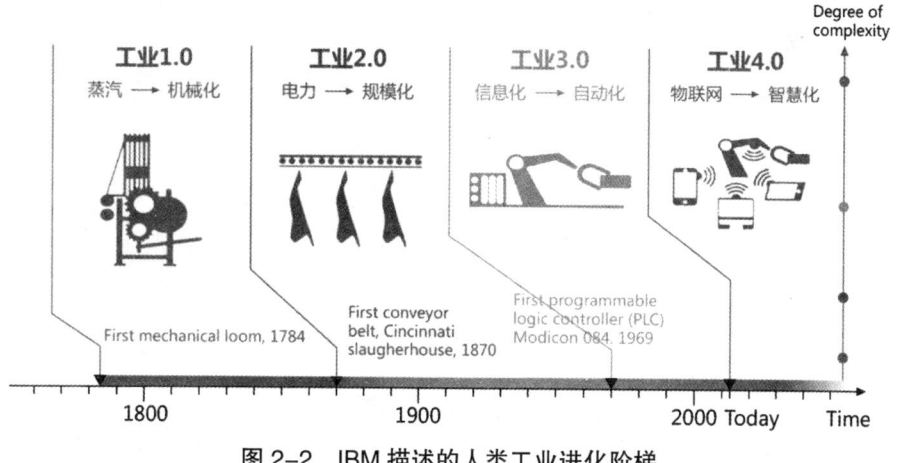

图2-2 IBM描述的人类工业进化阶梯

资料来源:IBM Analytics发布的《工业4.0与物联网白皮书》

---

① 参考资料:FT中文网专栏作家周掌柜:《互联网终结,人机智能崛起》。

根据美国专业研究机构 CB Insights 的调研，包括大数据在内的人工智能投入全球 VC 及 PE 从 2012 年度 4.95 亿美元的投资额上升到 2015 年度 27.84 亿美元的投资总额，而这一个总投资额在 2016 年的前三季度累计已经超出 2015 年全年，达到 32.22 亿美元。

从全球资金流向来看，资本界基本未受"寒冬"影响，依然将筹码压在了 AI 身上（见图 2-3）。中国情况基本如此，根据艾瑞研究显示，目前国内市场的发展，以百度、阿里、腾讯为首的互联网巨头已在人工智能领域布局。在 2014 年，百度研发投入接近 70 亿元，推出度秘等 AI 产品并成立无人驾驶事业部；阿里巴巴开放中国首个人工智能计算平台 DTPAI，推出阿里客服机器人平台；腾讯则开放了视觉识别平台腾讯优图，成立腾讯智能计算与搜索实验室。

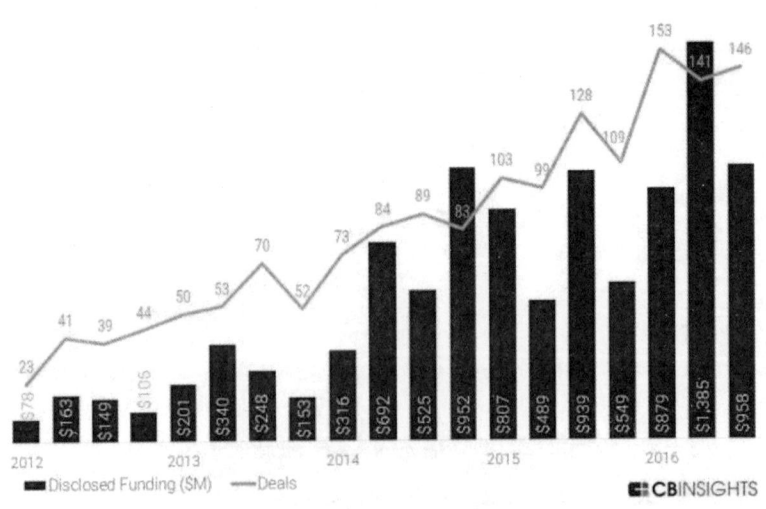

图 2-3　全球 AI 领域投资趋势

资料来源：CB Insights 调研报告

第二章
LINK 开辟大时代

艾瑞表示上百家创业企业开始渗透并构架起产业基础层、技术层、应用层，形成产业链模型。中国人工智能领域已有近百家创业公司，约 65 家获得投资，共计 29.1 亿人民币，覆盖了工业机器人、服务机器人、智能硬件等硬件产品层，智能客服、商业智能（BI）等软件/服务层，视觉识别、机器学习等技术层，数据资源、计算平台等基础层。

巨轮早已启动，且是分秒必争。按照库兹韦尔的加速回报理论，届时，在超级人工智能瞬间秒杀人类智力的同时，也会伴随着一个超级强国或者超级公司出现，这个"强权"，也会在瞬间进化出秒杀一切的生产量能。

在这其中，人类可能都没来得及兼顾自身的未来。

第三章 大世纪的关键环节（KEY LINK）

◇ 人类选择了 LINK，因此出现了货币。

◇ 无论是作为古典货币的黄金，还是作为现代货币的纸币，当一种货币崛起之时，也是一个大世纪开启之时。

◇ 货币伴随着强权，成为大世纪的 KEY LINK。

◇ 黄金的超主权货币地位，起于 LINK，也止于 LINK。

◇ 每一时代都有与之对应的 KEY LINK，因此每一时代的世界货币都带着不同特性，从古典货币到主权货币，到信用货币，到超主权货币，技术发展和经济需求所带来的 LINK 变化，决定着 KEY LINK 的变化。

◇ 超主权货币，是我们能想到的智能时代的 KEY LINK。

第一节 黄金，原始硬通货

在人类社会上千年的漫长进化过程中，人与人之间的关系从简单到复杂，无论东方还是西方，在这个过程当中都不约而同选择了同一种金属作为一般等价物，所以，黄金在历史长河当中一直是财富的象征，而且是永恒的财富。

○ 人类选择了黄金（Au）

当 LINK 在小范围内成为一种需要时，寻找一种大家都能接受的交易媒介就显得十分必要。

在黄金之前，人类尝试过贝壳、盐、牲畜、布帛等。在古罗马时代，士兵就领取盐作为薪酬。而欧洲在很长一段时间里，都用牛来充当交易中介。显然，这些媒介在很长时间内都是财富的象征，但作为交易媒介却并不称职。

事实上，人类在大约1万年前发现了黄金，在世界货币上千年的演化史中，它最终胜出。为什么文化差异如此巨大的东西方世界，没有通过协商便统一做了同样决定呢？难道只是因为马克思说的那句"黄金天然是货币，货币天然非黄金"吗？

其实，我们可以看一下人类迄今为止从大自然中所发现的元素（包括部分人造的）就会明白，黄金在货币角逐中的胜出，有其必然原因。

首先，货币需要是一种肉眼可以识别的固体，元素周期表最右边那些稀有气体和卤素就被排除了。毕竟，用一种无色气体做货币，识别难度太大，也很难装入口袋。

其次，货币需要对人类友好和平，那些本身有毒和有放射性杀伤力的元素就又被排除了，谁也不愿意被钱毒死或者辐射致癌，因此汞、铀、钍之类失去了竞争资格。

然后，是那些性格过分活泼的元素，碱金属和碱土金属，它们的代表如钠或者钾，将其随便放到盛水的烧杯中，就会伴随着吱吱声产生小规模"爆炸"反应，显然也不合适。

其余还有一组"稀土元素"，虽然它们冠以"稀"的名誉，但它们在大自然中的储存量居然比黄金多，更为重要的是，这些元素很难区分，当你准备消费的时候，可能自己都不知道掏出来的是哪种"土"。

最后，是我们生活中接触较多的貌似能作为主要竞争类别的"过渡金属"和"后过渡金属"，它们身上拥有一些作为货币的潜质，例如周期表左边如钛、锆这些，质地非常坚硬，能经受各种打磨，可以在流通中保持本色不变，但问题就是这些金属对冶炼技术要求苛刻，需要古人把温度加热到上千摄氏度才能从矿石中把钛提炼出来。显然，我们的前辈们那时还没有这样高温冶炼的炉子。而另一些像铝，也难以冶炼，且质地柔软，显然不适合做成硬币长期使用。

第三章
大世纪的关键环节（KEY LINK）

那么铁和铜呢？就像过渡金属中的其他元素一样，它们都不怎么稳定，性格热情奔放爱自由，湿了容易生锈，即使保持干燥，在空气中待久了，也会自然氧化。如果被当作货币，那它们就是会自己贬值的货币。即使不生锈不贬值，像铁一样遍地都是，那也配不上货币的稀有属性，人们毕竟不想出门时背着重量不菲的铁块去做交易。

最后，貌似剩下了一堆比较"懒惰"的金属，铂（Pt）、钯（Pa）、铑（Rh）、铱（Ir）、锇（Os）、钌（Ru），以及我们现在非常熟悉的黄金（Au）和白银（Ag）。首先，它们都比较稳定，几乎不跟其他元素发生反应，这符合货币的要求。但是，这些元素除了黄金、白银之外貌似太过稀缺，如果当作货币，只能铸造得极其袖珍，对于没有电子钱包的古人来说，这样的财富是很容易丢失的。何况像铂之类，熔点在1768摄氏度，也确实很难冶炼。

所以，最后在竞争中胜出的就只有黄金和白银。不过白银在稳定性上就略逊一筹，黄金当仁不让成为人类历史上第一个统一被认可的交换媒介。它稀有，因此价值高。它有良好的耐腐蚀性、延展性和分割性，所以坚固耐用，价值稳定，便于携带。

Au是化学元素周期表中，最具备LINK属性的存在，之后代替实物成为人类选中的金属货币，并终于在19世纪末，以"金本位"的形式成为欧美普遍实行的货币制度，登顶人类货币王座。

需要补充的一点是，黄金被选做货币，还有一个"诡异"的理由，就是它的颜色，至高无上像太阳一样灿烂的金色，可能也是一种人类天然就热爱的色彩。在拉丁文中，黄金就有"曙光"的意思，充满着希望，而在古埃及文字中，崇拜太阳神的人们则称黄金为"可以触摸的太阳"，带着强烈的神灵崇拜色彩。

正因为人类在审美上的偏爱，使得黄金和王权甚至宗教紧密联系在一起，这在某种程度上强化了黄金的社会地位。当然就其作为交换媒介的本质来说，当有一种可靠的稀有金属充当货币而运行经济时，通常和健康的文明齐头并进，共同发展，彼此协同，从而创造社会经济大繁荣。

○ 黄金—贸易—文明

货币是大世纪的 KEY LINK，在一国经济中充当统一的贸易媒介物，当这一稳定媒介物出现的时候，也代表着这一国家或区域经济发展的大繁荣，同时也伴随着文明的大发展和强国的出现。

黄金作为这样一个"关键环节"，在人类古代发展历史上，开辟出数个灿烂文明。

考古学家们发现，世界上第一个使用金币的人群是位于今天土耳其西北部的吕底亚人，大约在公元前 660 年开始铸币。这是因为在他们生活的区域蕴藏有各种矿藏，其中就有储量堪称丰富的银金矿，这是一种由金和银相互混合的矿物，被称为"琥珀金"或者"白金"，因其质地坚硬，便于携带，便被商人们充当新的交易媒介替代了原本以物易物的原始交易方式。

在频繁的商业贸易往来中，吕底亚人认识到这种金属货币所带来的效率，于是，他们开始统一货币形制，一种正面带有狮子头像的金币，即"狮币"就此诞生，并成为最早的金银货币。

吕底亚首都萨蒂斯位于连接东西方贸易的交通要道，是美索不达米亚

第三章
大世纪的关键环节（KEY LINK）

文明或者地中海文明的发源地。伴随金属货币的使用和地理位置的优越，吕底亚通过频繁贸易积累了大量财富，并随之进行了一系列的土地征服战争，一度控制了希腊在小亚细亚的所有城市。

当然，对于金属货币的使用和在贸易往来中的精明举措，显然启发了西亚地区的其他邻邦，而这些邻邦也非常聪明地效仿了这种可以方便地进行贸易 LINK 和带来高效财富的币制，例如西亚强国波斯，也是后来著名的国际贸易枢纽。另外还包括创造了灿烂城邦文明的雅典，也曾是吕底亚长久的贸易伙伴。

相比吕底亚，新崛起的货币贸易大都市雅典在历史上拥有更为辉煌的地位，其所创造的城邦文明在历史长河中可谓独一无二。文明的爆发起源于经济的繁荣，而经济的繁荣又仰赖于稳定的货币政策。

在公元前450~446年间，雅典开始实施统一货币、度量衡的决议，要求同盟各邦一律使用雅典钱币和度量衡。该决议复本亥石立于各加盟国。雅典作为古希腊和外部世界之间的贸易中途站，而雅典银币因为优雅的手艺和高比例的银，成为当时市场信任度很高的"硬通货"，这促使雅典成为彼时欧洲文明世界的贸易中心。一些历史学家粗略地评估了商贸对古希腊经济的重要性并计算出雅典在公元前4世纪时累积的财富，有近一半来自贸易。

另外比较值得一提的就是同样适用金属货币的东罗马帝国——拜占庭帝国。亚美尼亚的金矿和巴尔干的丰富银矿为拜占庭提供了贵金属的来源，而拜占庭金币，在当时被形容为："从地球的一端到另一端，无论哪里都可以流通。它受到所有的人、所有国王的崇敬，因为没有一个王国的货币可以比得上它"。这简直就是"中世纪的美元。"货币史家罗培兹甚至认为："拜占庭金币的稳定性与价值更胜美元。它不只是一块黄金而已。它也是一个象征、一个信仰，是神圣的皇帝派去民间的信差，是上帝的选民派去其他国家的大使。"而同时期的欧洲国家，尚且处于他们的黑暗时代，在交易中正使用牛作为等价物。

拜占庭首都君士坦丁堡处于欧洲、亚洲、非洲的交汇点，自古以来就是世界各地商船汇集的地方，也是丝绸之路的终点，发达的国际转口贸易给当地居民带来了巨额的财富。萨洛尼卡、特拉布宗、安条克和亚历山大等城市也是拜占庭帝国的重要贸易港口。拜占庭的进口物资主要包括丝绸、毛皮、奴隶、粮食、贵重木材、香薰料、染料、象牙、宝石、珍禽异兽和其他奢侈品，出口物资则有玻璃、马赛克镶嵌画、高级丝织品和锦缎、武器、葡萄酒、金银货币、珠宝首饰和工艺品。拜占庭的通货长期保持稳定的状态。1磅黄金铸造72个名为"诺米斯玛塔"（Nomismata）的金币，一个诺米斯玛塔等于12个银币，1个银币等于12个铜币。一个工人一年工作280天，大约挣25个诺米斯玛塔的年薪，就可以维持衣食所需。

东罗马掌握东西方贸易通道，创造了持续多个世纪的繁荣。直到1453年，奥斯曼土耳其人攻陷君士坦丁堡。这一战事不仅让一个币制保持稳定的帝国从此陨落，还导致东西方贸易中断并迫使葡萄牙和西班牙开始海上冒险，大航海时代由此开始，欧洲随之登上世界舞台，展开新时代的表演。

西方文明的黄金时代曙光最终出现了。

第三章
大世纪的关键环节（KEY LINK）

○ 起于 LINK，止于 LINK

黄金作为贵金属的代表成为货币统一世界的历史，始终与商贸 LINK 兴衰紧密相关。

黄金走向货币巅峰，起于 LINK，也止于 LINK。

古典时代落下帷幕后，机会终于落在了欧洲大陆。

16 世纪新航线的开辟与新大陆的发现，改变了欧洲命运和世界格局。作为被动 LINK 的美洲和非洲，数之不尽的黄金和白银源源不断流入欧洲，在 16 世纪葡萄牙从非洲掠夺黄金达 276 吨；西班牙从美洲掠夺的金银更多，16 世纪末西班牙控制了世界黄金开采量的 83%。

然而大量黄金白银的流入，在没有匹配金融手段调控前提之下，引发了欧洲物价急速上涨和第一次价格革命。而此时葡萄牙为了对抗西班牙，与英国结盟，并向英国开放了工业品市场。如此一来，本可以使葡萄牙进行工业革命的黄金储备，大约有 600 吨转道流入英国，加之英国在其他国际贸易中的顺差收入，使这个新兴欧洲国家迅速积累了足够的货币资本，在 1717 年率先开始尝试金本位制。

稳定和先进的货币政策，再次发挥了惊人的经济效益，伴随第二次价格革命，英国出口贸易在全球大放异彩，展品出口量占全世界总量的 1/4。伟大的工业革命，终于在英国而不是葡萄牙或者西班牙发生了。

随后，作为一种先进高效的金融政策，德国、瑞典、挪威、荷兰、美国、法国、俄国、日本等国先后宣布实行金本位制。金本位制是黄金货币属性表现的巅峰。世界各国实行金本位制长者二百余年，短者也维持了数十年。1914 年第一次世界大战时，全世界已有 59 个国家实行金本位制，从金融体制上，帮助人类社会 LINK 成为自由的现代商贸社会。

一般来说，金本位制的核心要约内容是：

（1）国家信用背书。由国家以法定重量和成色的黄金铸成金币，在市场上流通，其他金属辅币和银行券可以自由兑换成金币或等量的黄金。

（2）黄金流通自由。准许黄金自由买卖、储藏和输出入国境，私人持有的金块可以交给国家铸成金币。

（3）成为国际结算货币。国家的货币储备和办理国际结算都使用黄金。

（4）汇率直接挂钩黄金。外汇汇率由各国货币含金量确定，汇率波动受黄金输送点限制。

金本位制，在当时的经济规模下，在最大程度上保证了货币汇价的稳定，促进了国际贸易的顺利开展。而且由于各国货币发行受到中央银行黄金储备的约束，不会出现过分的通货膨胀，为经济发展提供了一个稳定的基础。

然而与此同时，金本位始终存在致命缺陷。那就是，这一机制赖以存在的基础并不稳定，黄金存量增长远远跟不上工业革命大爆发后生产和流通需求和社会财富的快速增长，供需矛盾日益突出。对于一国政权来说，黄金自由流动导致货币政策始终处于被动地位，即使对外贸易已陷于逆差，仍不得不采取紧缩政策，抑或由于黄金流入而被迫采取膨胀政策的情况。

紧接着一战和二战的到来，使主要参战国家军费激增，到二战时期，参战成本已经发生数十倍的增长，各国为了赢得战争，不得不禁止黄金自由流通并打开印刷机印刷纸币。如此一来，金本位崩溃了。

两次世界大战的受益者——美国在二战结束前期抓住机会召开了布雷

第三章
大世纪的关键环节（KEY LINK）

顿森林会议，决定建立以美元为中心的国际货币体系，美元与黄金挂钩，至此，美元取得了等同于黄金的地位，成为世界各国的支付手段和储备货币。不过黄金的缺陷依旧存在，美元的供给刚性使美元同黄金的兑换性日益难以维持，于是先是放弃了黄金固定官价，后又宣布不再承担兑换黄金义务，布雷顿森林货币体系也瓦解了，人类进入纯信用货币时代，黄金非货币化改革由此开始。

因为LINK需要，黄金成为国际通用货币；也因为全球LINK的急速发展，黄金供不应求，无法应对和满足，使得金本位崩溃，黄金的货币首席地位终于被更具弹性、更易掌握的纸币所代替。

黄金作为人类已经使用了四千年的资产，它也几乎是唯一一种可以跨越种族、文化、教育，甚至是时空阻隔的国际金融资产，到今天为止黄金还是国际储备的最后形式，国际支付的最后手段。

正如经济学家凯恩斯所揭示的"黄金秘密"："黄金在我们的制度中具有重要的作用。它作为最后的卫兵和紧急需要时的储备金，还没有任何其他的东西可以取代它。"现在黄金可视为一种准货币，仍旧是世界各国央行的重要储备资产，同时也是被国际所接受的第五大国际结算货币。

第二节　英镑，百年霸权

在人类数千年的货币史上，使用范围最广、历史最长的货币，毫无疑问就是黄金。

英镑用了将近百年的时间，才得以替代黄金的"第一货币"地位，但在其巅峰百年当中，英镑成为 KEY LINK 的秘密，其实就是与黄金保持紧密联系。当这种联系不再那么紧密时，也就是英镑走向没落之时。

○ 与黄金紧密 LINK

人类无法预计，第一个开启英镑世界货币之路的人竟然是一位物理学家。

在发表名著《自然哲学的数学原理》后 12 年，为了改善经济条件，牛顿在 1699 年出任英国皇家铸币局局长，并工作了长达 30 年之久。这是个高薪职位，年薪达到 2000 英镑，可以建造 4 个格林尼治天文台。

或许伟大的学者天生就不会过"平庸"的生活，到 1717 年，牛顿局长在他的报告中，分析了欧洲各国以及中国、日本、东印度的金银价格，

第三章
大世纪的关键环节（KEY LINK）

当时国内情况则是，黄金大量流入英国，而白银持续匮乏，由于利差导致的金银流动，使得黄金代替白银在实际上成为英国的本位币，于是牛顿的结论是：将黄金价格定位为每盎司等于 3 英镑 17 先令 10.5 便士。

从此，英镑按黄金固定了价格，这也是金本位制的最早雏形。在 1694 年，通过英格兰银行开始发行的纸币——英镑，也借此走上了成为"真正"货币的道路，并最终攀登上了那个顶峰——世界货币。

到 1816 年，英国通过了《金本位制度法案》，以法律的形式承认了以黄金作为货币的本位来发行纸币。1821 年，英国正式启用金本位制，英镑成为英国的标准货币单位，每 1 英镑含 7.32238 克纯金。英格兰银行发行的英镑只是提取黄金或白银的凭据，英镑成为真正的法定货币，并和英国的强权地位进行了必要的彼此互动和巩固。

史料记载，1818 年时，英国金融界传奇人物詹姆斯·罗斯柴尔德在为多国发行国债时，已经可以用英镑在伦敦支付利息。这意味着英镑在 19 世纪初的影响力已经超出国界，成为世界范围内认可的货币。

到了 1844 年，当时的英国首相皮尔向议会提交了改进银行管理的《银行特许状法》，英国议会通过了这部 19 世纪金融史上最为重要的法案。法案规定，英格兰银行划分为一个发行部和一个银行部。发行部持有价值 1400 万英镑的担保品，包括政府债券和金银贵金属。为了防止纸币的过度发行造成经济波动，银行券的发行必须有 100% 的国债或黄金储备，英镑完全成了黄金的价值符号和代用品。

银行部则拥有一切不在公众手中的银行券。这些银行券加上日常使用所必需的少数铸币，形成银行部的准备金。同时，银行部拥有发行英镑的特权，到 1928 年，英格兰银行的银行部成为英镑发行的垄断机构。发行部以黄金交换公众手里的银行券,并以银行券交换公众手里的黄金,同公众的其他交易则由银行部办理①。

到此为止,英国不但让英镑紧密 LINK 上黄金的国际货币地位,还借此建立了领先世界的现代银行制度,苏格兰银行成为世界上第一家"中央银行",和英镑一起,维护着英国的经济地位。

英镑在全世界的广泛使用,加上数百年英镑同黄金汇率的稳定,让伦敦成为当时的世界金融中心和航运中心,凭借其经济、军事优势,英国让葡萄牙、德国、丹麦、瑞典、挪威、法国、比利时、意大利、瑞士、荷兰、西班牙等国也先后过渡到金本位制,促成了国际金本位体系在 19 世纪 70 年代的最终形成,英镑成为世界货币,亦成为国际结算中的硬通货。

英镑在金本位制度下占据霸主地位将近百年之后,直到第一次世界大战,将几百年积蓄出的一个世界强国打成一地鸡毛。

1918 年一战烽烟落定时,英国在战争中士兵伤亡约 80 万人,军费开支近 100 亿英镑,国民财富损失了 1/3,对外贸易方面,英国的出口额仅为进口的 1/2。巨额的贸易逆差,迫使英国变卖海外投资的 1/4 即 10 亿英镑去补偿贸易的巨额逆差,战争使英国变成债务大国,战前美国欠英国国债约 30 亿美元,战后英国倒欠美国 47 亿美元,同时,英国内债因战争而直线上升,战前英国内债为 6.45 亿英镑,战后猛增为 66 亿英镑。

在这样的情况下,英国政治经济影响力急剧萎缩,英镑与黄金的兑换无法保障,其作为世界货币的地位自然难以为继。而另外一个欣欣向荣的

---

① 参考资料:余志国:《世界金融五百年(上)》。

大国——美国已经悄然崛起,并早已超越了英国的综合国力,所等待的,只是一个美元走向舞台中央的机会。

○ 日不落帝国

英镑世界化的一个重要因素首先是与黄金这一超级货币的挂钩,但能使英镑支撑其货币地位的始终是大国崛起这样一个硬性背景。而军事强盛、经济繁茂和金融发达,又成为这个硬性背景中互相 LINK 的三个主要因素。

16 世纪晚期,英国打败了老牌海上贸易强国葡萄牙、西班牙,四处扩张殖民地,俨然成为一只雄心勃勃的世界新势力。但与此同时,荷兰却在世界各地排挤英国商人及其贸易,他们垄断从北美到东亚、从地中海到西非沿岸的贸易。最令英国人感到耻辱的是,荷兰商船竟然在英国水域肆意捕捞海货,最后再把这些"英国制造"的鱼虾高价卖给英国人。

"是可忍,孰不可忍?" 17 世纪 50~70 年代,英国终于向自己最后的敌人荷兰发起冲锋。前后历经三次英荷战争,英国完胜并迫使荷兰接受了《航海法》,这一法案的一个重要规定就是:输入英国及其附属国的货物,必须使用英国的船只或者是输出国的船只。从此,纵横茫茫海域百年之久的荷兰船只逐渐退出历史舞台。在打败了西班牙、葡萄牙之后,英国人将海上马车夫荷兰也赶下了海上霸主的位置。

维多利亚时代的大英帝国步入了鼎盛时期,当时,全世界 4 亿~5 亿人,也就是当时全球人口约 1/4 都是大英帝国的子民,其领土面积则约为 3000 万平方公里,是世界陆地总面积的 20%,从英伦三岛蔓延到冈比亚、纽芬兰、加拿大、新西兰、澳大利亚、马来亚、香港、新加坡、缅甸、印度、乌干达、肯尼亚、南非、尼日利亚、马耳他以及无数岛屿，地球上的24个时区均有大英帝国的领土。而早在16世纪，英国就开始在其殖民地范围内推行英镑，而原本这些国家使用的都是黄金和白银。

军事保障了强权，强权促进了强势经济。

伴随连续的征战，英国建立起一支欧洲最强大的海军，它的商业触角已经伸向全世界，1686年时的一个统计表明，当时有近一半的英国船只都在从事美洲或印度贸易，而在1914年一战前夕，英国的海外投资曾高达40亿英镑，占西方国家总投资的一半。

大量的商品需求促进了英国生产技术的进步，"工业革命"率先在英国爆发，并成为当时世界上无与伦比的产业大国，利用自身首屈一指的工业优势和物美价廉的工业产品，英国开始积极推行自由贸易政策，逐步建立起了自由主义的经济体系。英国制造畅销全世界，与此同时畅销的，当然还有英镑。

强势经济催生了英镑的世界货币地位，也促使现代"金融大厦"终于拔地而起。给英国带来的是日不落帝国数百年的繁荣昌盛，英国本土数百年的经济繁荣。伦敦也一举成为世界货币中心和金融中心，它通过对英镑的掌控，而间接掌控着世界经济大局势，通过金融方式，影响着世界经济政治格局。

当然，最为重要的是，在英镑的支撑下，伦敦成为现代金融的中心城市。最早起源于佛罗伦萨，发迹于阿姆斯特丹的现代金融机制，在被英国全权继承之后发扬光大了。

例如，伦敦在当时成立了第一家现代意义上的中央银行——英格兰银行，该银行通过政府授权，成为银行的银行；同时还放松法律限制促使股份制银行全面兴起，形成了多层次较完善的公私信贷体系。债市和股市也在那时发展起来。

再如现代保险业的空前发展，海上保险、财产保险和个人寿险业务相继开展，并且建立了再保险金融市场。

总之，就像今天各国储备美元和黄金一样，当时各国将英镑视为重要的储备货币。并且英国凭借英镑的世界货币霸权地位，维持了长时间的政治霸权。事实上，英国早在19世纪末20世纪初国力已然走向衰落，在经济军事等各方面落后于后起之秀美国，甚至被邻邦德国、法国超越，但直到第二次世界大战结束前夕美元争霸，英国依然在世界范围内保持着大国的话语权。可以说，正是英镑的世界货币地位，让英国维持了最后半个世纪的"体面"。

○ 为什么不是荷兰盾或法郎

既然大国强权都会伴随着该国货币的KEY LINK地位，那么为何世界货币的王冠没有落在之前的荷兰盾和之后的法郎头上呢？

事实上，在1609年，荷兰的阿姆斯特丹就成立了世界上第一个股票交易所，荷兰的东印度公司是世界上第一家通过证交所向公众发行股票融资的公司。荷兰人还发明了最早的股市操纵技术，例如卖空、对敲、逼空，进行期货和期权交易等。到1800年，有14个国家的70只证券在阿姆斯特丹市场上交易。

紧随其后，阿姆斯特丹银行也成立了，这大约比英国的英格兰银行早了整整一百年时间,且信誉可靠。最为极端的一个案例是,在1621年的荷兰西班牙战争中,作为敌国的西班牙仍旧能够自由地从阿姆斯特丹银行提取白银作为战争经费。而阿姆斯特丹市政府和议会就是该银行的实际控制人。

发达的金融市场使得阿姆斯特丹在17世纪成为世界金融中心,而且荷兰也顺理成章成为当时的世界海上霸主。历史学家公认,至少在长达150年的时间里,荷兰阿姆斯特丹是欧洲和全球贸易、货币、金融的主导者甚至垄断者。

而另一强国——法国在17世纪末英法争霸初期,法国在事实上处于优势地位,法国拥有4倍于英国的人口和更为强大的军队,还拥有比英国更为丰富的自然资源、优良港口和军事基地,更为主要的是法国工业生产持续增长,生机勃勃,而英国国力增长却一度衰减。

那么,究竟是什么令英国最终在取代荷兰之后成就霸权,又在英法对决中取得"第二次百年战争"的胜利呢?

答案就是:英镑金本位制及其现代金融机制。

荷兰虽然是当时的世界贸易和金融中心,但是荷兰盾却并没有成为这个中心的 KEY LINK。荷兰阿姆斯特丹银行更主要的功能是存储和承兑,而这些活动的对象,是当时在市场上广泛流通的金银货币,这些货币种类繁多、币制混乱,虽然阿姆斯特丹银行在一定程度上进行了统一,但在本质上它仍旧是一个原始的存储银行,银行发行的本票,只是存入贵金属铸币和贵金属条块的收据。金银仍旧是当仁不让的硬通货,荷兰盾只是作为这些金融结算中的某个枢纽环节而存在。换言之,在大部分时候金银仍然是金银,盾仍然是盾,盾之后并没有一个足够强大、政策清晰的主权银行

第三章
大世纪的关键环节（KEY LINK）

作为支撑，盾和金银之间也并没有建立起必然联系。

或者说，在荷兰人称霸的一百多年时间里，他们还没来得及在货币政策上进行必要的觉醒。当他们建立的早期金融机构被威廉三世在英国发扬光大后，英格兰银行的作用和在金融史上的地位已经完全超越了阿姆斯特丹银行。

英格兰银行成立之初的作用是为皇室战争募资，当时英镑还不具备主权货币地位。直到英镑与黄金挂钩，主权货币的诞生，催生了中央银行，中央银行又维护了英国经济的持续繁荣稳定，并有效调节和维护了金融市场对国家发展的支撑作用。

这就说到英法角逐的关键决定点：谁拥有强势募资能力的金融工具，谁就能赢得战争！这一结论，在日后的美国独立战争中再次得到印证。

那么对比英法两国，当然是英镑霸权统治下的金融市场拥有更有效的募资能力及工具。法国百科全书派历史学家最杰出的代表布罗代尔，就曾以极大篇幅描述英国国债对大英帝国兴旺发达的重要性。在《15至18世纪的物质文明、经济和资本主义》第三卷里，布罗代尔写道："国债是英国经济健康的最佳标志。国债是英国取得历次战争胜利最重要的法宝。英国战胜法国就是国债政策的结果，法国的脆弱就在于它没有国债市场，信贷组织不完善。然而，差不多过了一百年，法国人才开始认识到英国公债的优越性。"

国债市场的急速扩张，不仅没有削弱英国，反而创造出数之不尽的巨大利益。亚历山大·汉密尔顿说：国债帮助大英帝国缔造了皇家海军，支持大英帝国赢得全球战争，协助大英帝国维持全球商业帝国。与此同时，国债市场极大地促进了本国经济发展。个人和企业以国债抵押融资，银行以国债为储备扩张信用，外国投资者将英国国债视为最佳投资产品。英国政府发行的债券越来越受外国投资者欢迎，其融资成本也大大降低。

与法国相比，英国可以较低的利息筹集到更多的资金，1752年到1832年期间，法国政府支付的公债利息基本都是英国政府公债利息的两倍以上，较低的利息负担使得英国可以筹到更多的钱用于建设庞大的海军和国力的发展。

总而言之，英镑可以成为KEY LINK有两个重要因素：其一，金本位；其二，始于18世纪末的金融革命。英镑造就了信用货币时代，也造就了初具雏形的全球统一市场。一个伟大的时代，总是为下一个伟大做准备的。

英镑还未表演完毕，美元已经在台下跃跃欲试了。

第三节　美元，世界货币

英镑作为 KEY LINK，与其互动的是地理大发现和工业革命前后两个大时代波浪对冲，初步形成的全球市场 LINK 需求。作为古典硬通货的代言，英镑完成了它的时代使命，让人类走向了主权货币时代。

英镑与黄金所建立起的金本位体制，充分体现了一种主权货币的"智慧"，同时也成为英国留给世界的财富。因此，后来者美元取代英镑地位时，首先继承了这种 LINK 关系。

不过，黄金作为稀有金属的"特里芬难题"始终未能得到解决，因此，美元最终超脱了英镑时代的主权货币，最终抛弃美金，成为人类历史上第一只纯粹的信用货币。这只货币时至今日仍旧作为 KEY LINK 参与和主宰环球贸易，并且在最大程度上利用其优势，开辟了一个无与伦比的货币商品时代。

○ 美元晋升美金

应该说，美国的国民生产总值和经济规模，早在 19 世纪末就已经超越了大英帝国。到 1894 年，美国工业产值已经跃居世界首位，已相当于英国的两倍。

1913 年，这是一个独特且意义重大的年份。第一次世界大战将在次年爆发，本年度，美国的中央银行——美联储诞生。当时，美国的 GDP 总量占全球比重约 32%，工业制造占全球 40%。换句话说，美联储自诞生之日起，就已经是世界上最为强大的中央银行，而美元已经具备了取代英镑成为世界领导货币的真实实力。

然而，直到 1943 年，延续了货币霸主惯性的英镑仍是世界主要储备货币之一，国际贸易 40% 左右用英镑结算，世界主要话语权仍旧是以英国为首的老牌资本主义，紧随其后的是法国、德国这些老面孔。

美国作为后起之秀，在世界第一的位置等了 40 多年的时间。直到第二次世界大战，让主要战胜国和战败国都打成废墟，美元的机会才真正来临。

后来，美国经济实力急剧增长，并成为世界最大的债权国。美国的黄金储备从 1938 年的 145.1 亿美元增加到 1945 年的 200.8 亿美元，约占世界黄金储备的 59%。二战结束时的 1949 年，美国的黄金储备价值 246 亿美元，约 19925 吨，占当时整个世界黄金储备总额的 74.6%（这是战后的最高数字）。

当时英镑和法郎作为世界第一、第二储备货币，拥有的黄金是多少呢：

英国英格兰银行黄金储备约有 5000 吨，战时这些黄金曾被转移到加拿大。

法国的法兰西银行黄金储备为 2226 吨，这是二战时辗转非洲保存下来的。

第三章
大世纪的关键环节（KEY LINK）

顺带说一句，当时中国国民政府的黄金储备大约是 200 吨。

1944 年 7 月，在诺曼底登陆后一个月，美国总统罗斯福决定对战后世界做出符合美国意愿的安排，政治安排是联合国，经济安排是关贸总协定，金融安排就是布雷顿森林体系。

《布雷顿森林协定》（以下简称《协定》）的主要内容有：

第一，美元与黄金挂钩。规定 1 盎司黄金 =35 美元的官定价格，每一美元的含金量为 0.888 671 克黄金，以黄金为价值基础，各国政府或中央银行可用美元按官价向美国兑换黄金，即美元黄金本位制。

第二，其他国家的货币与美元挂钩。把美元的含金量作为各国规定货币平价的标准，各国货币与美元的汇率可按各国货币含金量与美元含金量之比来确定，这称为法定汇率。

第三，实行可调整的固定汇率制。即其他货币与美元保持的汇率，间接与黄金建立联系，进而决定各成员国货币与美元的汇率。

第四，各国货币兑换性与国际支付结算原则。《协定》规定了各国货币自由兑换的原则：任何会员国对其他会员国在经常项目往来中积存的本国货币，若对方为支付经常项货币换回本国货币。考虑到各国的实际情况，《协定》作了"过渡期"的规定。《协定》规定了国际支付结算的原则：会员国未经基金组织同意，不得对国际收支经常项目的支付或清算加以限制。

第五，确定国际储备资产。《协定》中关于货币平价的规定，使美元处于等同黄金的地位，成为各国外汇储备中最主要的国际储备货币。

第六，国际收支的调节。国际货币基金组织会员国份额的 25% 以黄金或可兑换成黄金的货币缴纳，其余则以本国货币缴纳。会员国发生国际收支逆差时，可用本国货币向基金组织按规定程序购买（即借贷）一定数额的外汇，并在规定时间内以购回本国货币的方式偿还借款。会员国所认缴的份额越大，得到的贷款也就越多。贷款只限于会员国用于弥补国际收支赤字，即用于经常项目的支付。

通过该体系，美国以它的经济实力和黄金储备为国家信用并作为美元信用的基础，使美元有了成为黄金的"等价物"的信心，从而确立了美元在国际金融领域的硬通货地位，并逐渐地排挤英镑成为新的外汇储备货币，当然这又是另一个漫长过程。

布雷顿森林体系的建立，是战后世界权力从欧洲向美洲的转移，从此，美元直接 LINK 黄金，美元成为"美金"——黄金的世界第二代言人，成了国际清算的支付手段和各国的主要储备货币，美国也正式取代大英帝国在国际货币体系和世界经济格局中的主导地位，成为二战后国际政治与经济格局的最大受益者和"游戏规则"的制定者。

历史发展到这里，大时代的货币定律仍旧是：LINK 黄金者，LINK 世界霸权。LINK 黄金的货币，就能成为大时代的 KEY LINK。

○ 美金篡权黄金

当然，定律不是一成不变的。

首先觉醒的不是"布雷顿森林体系"，因为该体系有着 20 年的良好运转时间。不过在"良好时期"，也就是 20 世纪 50 年代，经济学家首先觉醒了。

罗伯特·特里芬（Robert Triffin），一位美国经济学家，凯恩斯主义者。

第三章
大世纪的关键环节（KEY LINK）

他在对布雷顿森林体系进行研究以后，得出一个可怕的结论，他认为：如果没有别的储备货币来补充/取代美元，以美元为中心的平价体系必将崩溃。

原因就是著名的"特里芬难题"，即"Triffin Dilemma"。

在布雷顿森林体系中，美元既是一国货币，又是世界货币。它的发行必须受制于美国的货币政策和黄金储备。由于黄金产量和黄金储备量增长跟不上世界经济发展的需要，在"双挂钩"的原则下，美元便出现了一种进退两难彼此矛盾的境地（即"特里芬难题"）：世界经济增长对国际支付手段和储备货币的增长需要，美元的供应应当不断地增长；但这又会导致美元同黄金的兑换性日益难以维持。

这就是建立在黄金—美元本位基础上的布雷顿森林体系的根本缺陷，也是黄金、英镑作为国际货币时同样曾经面临过的困境。黄金本身无法解决这个问题，英镑没能解决这个问题，现在轮到了美元来面对这个终极难题。

前文提到，二战结束时的1949年，美国的黄金储备价值246亿美元，约19925吨。

这是历史高峰期的数据，以后美国黄金储备不但没有梯级增长，反而是在循序渐进地下降。

1960年，美国的黄金储备下降到178亿美元=14417.75吨。

1968年3月，美国黄金储备下降至121亿美元=9800.83吨。

1971年，美国的黄金储备102.1亿美元=8269.96吨。

美国国力呈下降趋势，造成这一结果的重要原因是1961年美国卷入长达14年的越南战争，从前美国参战都借机敛尽全球财富，而这场战争则让美国筋疲力尽，大约花费了 5000 亿美元，也有资料显示为 8000 亿美元。20 世纪 60 年代的美国 GDP 为 2 万亿美元，越战花费造成的巨额财富流失绝对算得上天文数字，相对应的就是美国黄金储备快速下降，仅占资本主义世界黄金储备的 15.5%，财政赤字更是大幅扩大，这令其他国家深感不安。

率先有动作的是法国，时任总统戴高乐不愿再为美国承担战争的费用，于是从 1965 年开始决定将法国的美元兑换成黄金，并在月黑风高之夜用潜艇将黄金运回巴黎。示范动作产生了一系列严重后果，荷兰等北欧的一些外汇顺差国纷纷表示，要把美元换成黄金。

很显然，美国当时的情况无力应对风起云涌的"美元危机"，也无法继续在布雷顿森林体系时立下的黄金兑换诺言。美国信用在世界范围内受到了质疑，但同时美国也不可能交出货币霸权地位。

于是在 1971 年 12 月，以《史密森协定》为标志，美元对黄金贬值，美联储拒绝向国外中央银行出售黄金。至此，美元与黄金挂钩的体制名存实亡。

美元与黄金 LINK 从而获得美元霸权。

但美元与黄金解绑，却并没有让美元崩溃，相反，在特里芬难题的困境下，美国走出了一条史无前例的货币道路——纯信用货币，从此，美元不但没有走向灭亡，反而窃取了黄金的生命！

也由此，美元为帝国找到了一种独特的生存方式：出口美元。

当美国人用美元作为一种特殊的商品向全世界出口，从美元与黄金脱钩之后的 40 年里，美国 GDP 飞速增长。从 1990 年到 2008 年不过 20 年时间，美国 GDP 就已经超过 14 万亿美元，比 1990 年翻了一倍。2016 年

第三章
大世纪的关键环节（KEY LINK）

则已经达到 18 万亿美元[1]。这些 GDP 数字很大部分就是美元带来的。因为美元成本极低。从 1 美元到 100 美元，每张纸币的成本只有 5.9 美分。美国以如此低廉的成本从全世界获得利益，只要美元霸权仍在，美元出口就不会停止，就可以换回全球的实物财富。事实上，美国人也确实是这么做的[2]。

到 2016 年，全球国际外汇储备总额大致是 12 万亿美元左右，其中 60%~70% 是美元储备，那就是说大致有 7 万亿~8 万亿美元输出给了全世界。这个数据的概念就是，美国一年军费大约 1.68 万亿[3]，也就是说全世界白白供给了美国 4~5 年的军费，同时也接近美国一半的 GDP。

美国在印刷美元，而全世界的人们在供养美国。这就是美元刺杀黄金生命后，所获得的不朽永生。

○ 美元挑战者

自从货币阴谋论盛行以来，美元背后的美国，就一直扮演着全球掠夺者、剥削者、世界人民血汗吸血鬼的角色。其他国家人民善良勤恳，豢养着超级大国坐享渔利的富贵人群。

真实的情况是这样吗？

任何一种货币称雄世界，都会承担相应责任，同时获得巨大好处，这是毋庸置疑的。而且，货币霸权背后的立场，永远是为本国人民服务，而

---

[1] 参考资料：美国经济分析局数据。
[2] 参考资料：乔良：《国防参考》杂志。
[3] 参考资料：瑞典斯德哥尔摩国际和平研究所（SIPRI）发布的《2016 世界军费开支走向》。

不是为全球人民，这才是绝对的"政治正确"。从这样的角度看美元种种行为，就可以终结情感简单的"黑美"模式，因为任何一国货币走向"王座"之后，都不会扮演慈善家的角色。

美国大胆撕毁布雷顿森林体系承诺，为何美元仍旧能称霸全球，这才是正常思维应该考量的重点。虽然货币依赖于美国强大的军事后备力量，但世界上并没有一种货币霸权是单靠枪炮维持的。时至今日，美国GDP仍旧领跑全球，为18万亿美元。美国仍旧是全世界注目的科技创新前沿，同时也是世界资本认为世界范围内的收益安全之地。这些构成的美元信用，在世界范围内仍旧是最强有力的。

所以，美元的霸权之路在一定时期内还将延续。但这并不代表没有挑战者。

尤其，布雷顿森林体系垮台之后，美国不那么良好的国际声誉以及不负责任的国际金融措施，让国际社会普遍认为，美国滥用了美元的超级霸权，美国政府已不再是一个值得信赖的国际货币管理者。加之美国金融管理失当而导致了2008年席卷全球的金融危机，国际社会对美元统治地位日趋不满，跃跃欲试想要取而代之者层出不穷。例如，欧元。

欧元，是欧元区（即欧盟17个国家：奥地利、比利时、芬兰、法国、德国、希腊、爱尔兰、意大利、卢森堡、荷兰、葡萄牙、斯洛文尼亚、西班牙、马耳他、塞浦路斯、斯洛伐克、爱沙尼亚、拉脱维亚）的货币合称。欧元于1999年1月1日在实行欧元的欧盟国家中实行统一货币政策，2002年7月欧元成为欧元区唯一合法货币。欧元由欧洲中央银行和各欧元区国家的中央银行组成的欧洲中央银行系统负责管理。目前大约有3亿人口使用欧元，其影响力覆盖4亿~5亿人口。

第三章
大世纪的关键环节（KEY LINK）

欧元诞生在国际社会中的普遍观感就是对美元发起的挑战。欧洲国家及其影响力国因为这一超主权货币而形成一个有效的经济体，欧洲国家打包发力，在很短的时间内就成为全球第二储备货币。可是当曙光刚刚来临，2010年的欧洲主权债务危机就让这个朝气蓬勃的新生儿变得灰头土脸。

当今国际学术界最活跃、最富影响力的著名经济学家之一，巴里·埃森格林在其《嚣张的特权》一书中用很长的篇幅耐心讲述了欧元区的历史。欧元从最初开始酝酿到最终面世经历了30余年，其间经过了西欧各国不断地钩心斗角和讨价还价，这也间接暴露了欧元最大的问题：欧元是一个没有国家的货币，它缺乏主要的政府支持。英、法、德，甚至连西班牙、意大利之流，在内心深处都有一个货币霸权梦，而且都在近年试图建立本国的金融新秩序。2016年，英国脱欧行为，被看作全球金融界的"黑天鹅"，当然，受打击最大的还是欧盟本身。欧元对美元的挑战，从这个视角看，似乎机会在变小。

那么，世界上还有其他标的，想要引领政治经济新秩序。例如，人民币。

伴随全球政治经济局势的演变，未来的世界有可能是一个多种国际货币共存的世界，美元垄断特权的传统基础正被逐步侵蚀。巴里·埃森格林预测，人民币会继美元、欧元后并列成为领先的国际货币，印度卢比和巴西雷亚尔在国际舞台上的作用也会逐步增强。但是，显然人民币的雄心并不满足于"并列"。

2016年，美国GDP为18万亿美元，中国排名第二，为11万亿美元，相差7万亿美元。

但从经济增速来看，2016年中国经济的表现在全球范围内堪称"抢眼",GDP同比增长6.7%,为主要经济体中最高。相较而言,2016年全年美国GDP增速仅为1.6%,创下2011年以来最低,也大幅低于前一年的2.6%。

经过30多年的快速增长,中国GDP正在稳步攀升。2010年,中国超越日本成为世界第二大经济体。2012年,中国经济总量首次超过美国的一半。2014年中国经济总量首次突破10万亿美元,继美国之后第二个跻身超10万亿美元经济体俱乐部。

中国GDP从1万亿美元升至10万亿美元花了14年,而美国则用了31年。美国GDP在2001年首超10万亿美元。

这意味着,"中国速度"仍将继续发力。根据北京大学国民经济核算和增长中心此前发布的《中国经济增长报告2016》,2020年按汇率法计算的中国GDP总额可能接近或者达到美国的水平。

在2017年1月发布的《世界经济展望报告》中,国际货币基金组织(IMF)将中国今年经济增长预期上调0.3个百分点至6.5%,同时维持中国明年增长预期6%。

2016年,人民币正式被纳入国际货币基金组织(IMF)的特别提款权(SDR)货币篮子,人民币将在特别提款权货币篮子中占有10.92%的权重。

国际货币基金组织最新的调查显示,全球官方储备资产中,人民币占比仅有1.1%,而美元高达63.7%。

同一时刻,人民币也走出了关键性步伐。

2015~2016年,由中国发起倡议的亚洲基础设施投资银行亚投行(Asian Infrastructure Investment Bank,简称AIIB)筹备成立,57个创始成员国,涵盖了除美国之外的主要西方国家以及除日本之外的主要东方国家。截至目前,其成员国增至85个,超过了拥有来自67个国家和地区成员、由美日主导的亚洲开发银行。

2016年,国际货币基金组织(IMF)宣布纳入人民币的特别提款权(SDR)新货币篮子于当年10月1日正式生效。特别提款权各国货币权重新分配为:人民币10.92%;美元、欧元、日元、英镑权重分别为41.73%、30.93%、8.33%、8.09%。这意味着人民币成为世界第三储备货币。

2017年5月,"一带一路"国际合作高峰论坛在北京召开,为人民币国际化提供了进一步动力。

人民币国际化的成果是显著的:中国大约25%的贸易现在用人民币结算,而在2009年这个比例还不到1%[①]。

中国作为一个超级大国,显然在崛起之中,人民币也确实是美元的有力竞争对手,但在短时间内,我们仍旧没有乐观的预期。亚投行的结算货币依然是美元,而人民币市场化还在探索之中。

在这样的时刻,全球货币出现了一个新的竞争对手:数字货币。而且,这种货币可能是主权货币,也可能是超主权货币,但不管怎么样,普遍的看法是:这就是未来货币!

成功的路上并不拥挤,因为可以坚持到底的并不多。

我们愿意相信,未来的胜利者,属于东方大国的我们。

---

① 参考资料:参考消息网:《外媒:人民币"入篮"成果显著但国际流通仍有限》。

第四节　数字货币，未来世界

人类既然在全速进入智能革命时代，当然目前以纸币为载体的主权货币体系也会因之改变。

作为KEY LINK，每一个大时代都对应着这个时代的货币。

古典时期，对应着原始的金属货币。

全球贸易开始初期，对应着与黄金挂钩的英镑。

全球一体化时代，对应着纯信用货币美元。

下一个十字路口，在智能文明时代，货币无论在表现形式还是内在机制上，都可能发生颠覆性的变革。

数字货币，已经在新时代开启前初露端倪，这种带着超自由主义特性的货币，未来真的会摆脱主权货币"人设"，最终成为一种纯自由货币吗？

第三章
大世纪的关键环节（KEY LINK）

○ 自由的献礼：比特币[①]

事实上，自互联网诞生以来，电子货币因其方便和难以追踪性，并能脱离政府和银行的监管，而一直作为一项热门研究被各种技术极客所追逐。换句话说，人们一直渴望在世人最为关注的财富环节上，摆脱传统权力束缚，寻求极限的自由。

在这些追逐技术和自由的代表团队或个人当中，包括一个名为"密码朋克"的密码破译组织，和创造了名为"电子现金"匿名系统的密码破译大师大卫·乔姆。各种被寄予厚望的电子货币"比特金（Bit Gold）"、RPOW、b钱（b-money）等，虽然经历了各种实践，但无一例外都失败了。

他们所遇到的主要问题，就是数字货币如何解决复制和信用背书问题，最终的解决方案都需要借助传统金融机构的信用中介功能。直到比特币的出现，利用共享分布式记账方式的区块链技术，使得一种叫作"比特币"的电子货币最终摆脱了第三方机构的制约，新型货币完成了自我创世。

作为一种技术，它拥有高度自洁的品质。

作为一种应用，比特币成功建立了自治帝国，它自我生成，自我管理，自我监督。

历史这样记载了比特币的创世：

时间是2008年，背景是金融危机正在美国爆发并迅速在全球蔓延，存在了158年的雷曼兄弟宣布破产，愤怒的群众发起"抢占华尔街运动"，人们对政府和金融机构丧失信任，事实上，在大多数人心中，他们正是促成该轮金融危机的始作俑者。

[①] 参考资料：刘文献、李利珍：《众链》。

与此同时，在互联网上重置了权利的数字货币终于诞生了。

2008年10月31日纽约时间下午2点10分，在一个普通的密码学邮件列表中，几百个成员均收到了自称是"中本聪"的人的电子邮件，中本聪在邮件中这样写道："我一直在研究一个新的电子现金系统，这完全是点对点的，无须任何可信的第三方。"随后中本聪又将他们引向一个九页的白皮书，其中描述了一个新的货币体系。同年11月16日，中本聪放出了比特币代码的先行版本。

2009年1月3日，中本聪在位于芬兰赫尔辛基的一个小型服务器上挖出了比特币的第一个区块——创世区块（Genesis Block），并获得了"首矿"奖励——50个比特币。在创世区块中，中本聪写下这样一句话："财政大臣站在第二次救助银行的边缘。"

这句话是当天《泰晤士报》头版的标题。中本聪将它写进创世区块，不但清晰地展示着比特币的诞生时间，同时还表达着对旧体系的嘲讽。

毫无疑问，中本聪对于创世区块的注解，表明了这种技术背后所追求的价值倾向。

如今，比特币已经成为数字货币领域的翘楚，拥有100亿美元的市值，全网算力超过1200P。全球很多国家都有比特币交易所，比特币的玩家也有几十万人以上。

尽管比特币出现的背景如此具备象征意义，但这一数字货币真正在金融领域引起重视，却是2013年以后的事情。在此之前，比特币只是作为一种小众的未被认可的技术载体被少数粉丝追捧和赏识。

在最初的2009年至2010年，比特币可以说是毫无价值可言。比特币在2010年被首次交易定价时，1个比特币的市值不到14美分。某位比特

第三章
大世纪的关键环节（KEY LINK）

币爱好者甚至建了一个网站，在上面会毫无理由地大量派发这种数字货币。而另一位爱好者，则花费10000个比特币在网上购买了两个比萨饼。如今，这些比特币的价值将超过1200万美金（按照Coinbase交易所2017年3月3日比特币交易价格换算）。

直到2013年，伴随《福布斯》一篇名为"加密货币"的报道，比特币市值才从86美分跃升至8.89美元，并在一周之内暴翻3倍，达到1比特币兑换27美元。从此，这一数字货币成为自由互联网世界奇货可居的"数字金币"。同时，部分欧元国家的金融危机，使得比特币真正跨入大众金融视野，成为一种法币之外的国际避险投资标的和跨境资金流动载体。

典型案例是塞浦路斯宣布没收和冻结60%的居民储蓄，试图以此换取欧洲央行的援助。

资产恐慌之下，人们发现了通过比特币进行资产境外转移的可行通道，这导致在两天时间之内，比特币价格就推高了20%，并掀起了比特币的上涨狂潮。

各国政府和金融监管者们这时发现，在法币之外居然存在着这样一种不受任何限制的"法外之币"，这是不能被认可和接受的，各国政府对比特币的投机之风开始重拳打击。加之网络黑客利用比特币存储漏洞进行的各种攻击，造成了持币者的恐慌，尤其是当时最大比特币交易站点Mt.Gox的破产，使得比特币价格从最高时期的1040美元半年中暴跌至410美元，到2015年，比特币一直在200美元附近上下徘徊。

然而，全球经济疲软和各国政府不遗余力的货币宽松政策，导致全球范围内出现货币贬值，刺激世界各个角落的人们再次寻求安全的资产存储方式——投资比特币重新受到追捧，截至2017年3月，比特币的市值已经重新攀上 1200 美元的高峰。见图 3-1。

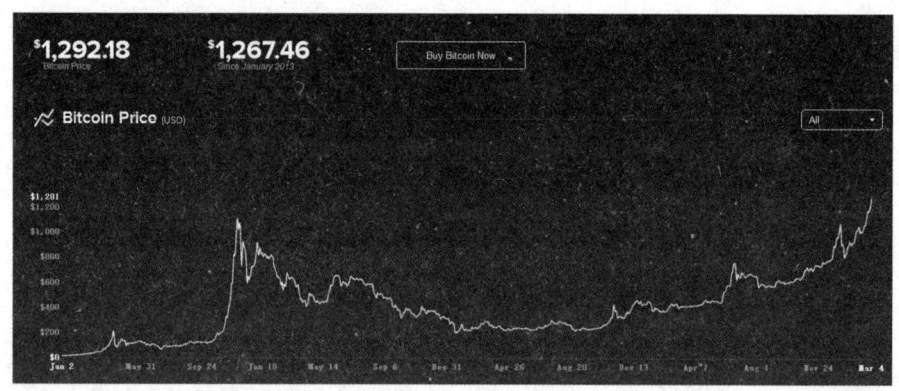

图 3-1　自 2013 年至 2017 年 3 月比特币价格波动

资料来源：美国 Coinbase 比特币交易所

　　Breadwallet（一款为 Apple iOS 设备打造的比特币钱包软件，代码开源）联合创始人兼首席执行官 Aaron Voisine 说："我预测 2017 年将会看到比特币被很多货币经理和金融顾问承认为一种合法的'无关联资产'。当然，所有稳健的金融顾问都会建议多元化资产投资组合。然而，如果这些资产价值都朝着相同的趋势发展，那么这种多元化对你来说没有太多好处。为了实现多元化，你需要在一些资产价值下跌的时候去持有一些价值上涨的资产。比特币就是一个完美的例子：这种货币在恐惧和经济动荡的时代已经展现出价值上涨的趋势，我认为很多货币经理都会开始将比特币添加到他们的投资组合中。"

　　假如没有政府的强力打击，比特币在现有金融环境中继续上涨的逻辑貌似是很合理的。一方面，全球范围内的资产避险情绪高涨，人们普遍在寻找更为安全的投资产品。另一方面，比特币总量既定，伴随时间流逝，获取成本越来越高，获取的可能性越来越小，造成了某种稀缺的市场现象。这些，都使比特币本身获得了越来越多的金融价值。

《区块链革命》合著者亚力克斯·塔普斯科特也表示全球金融环境对比特币的态度在日趋转好："2017年大型银行将会实时测试数字法定货币，如果运行良好，那么将会导致更大规模使用。另外，大型银行将会开始将大量OTC交易转向私人分布式账本的实时结算。如今摩根大通、高盛集团、巴克莱银行和桑坦德银行正在引领这种趋势。每个行业的大小企业都将开始开发一种区块链战略，聘请IT精英和推出实行项目。我说的这些公司包括保险商、医疗服务提供商、音乐制片公司、国防承包商，等等。"

比特币作为数字资产，被越来越多的专业投资人所认可。比特币作为数字货币的成功典范，也存在成为合法数字货币的潜在可能（当然，以不同形式存在）。这些，都被认为是比特币重要的金融价值。

○ 货币自由主义 = 未来？

区块链是比特币的背后技术，同时比特币也是截至目前，区块链技术在全球范围内最成功的甚至是唯一成功的案例。作为一种技术，区块链正处于全世界风口之上，人们认为这将是未来世界的基础设施。作为一种金融领域的应用，人们认为，其"去中心化""去中介"的属性，足以颠覆现在所有纵横金融世界数百年的机制。作为从其中孕育出来的比特币，人们，至少一部分人们认为，这是目前金融动荡、各国主权货币超发的环境下，能够找到的能对自己财富负责的自由货币，是属于未来的财富。

比特币是典型的数字货币，没有人否认这一点，而且大家都承认，未来是数字货币的世界。所以各国央行都在积极研究、尝试、甚至开始发行数字货币，比如中国。

数字货币当然具备明显的优点，对于央行来说，数字货币可以降低传统纸币发行、流通的高昂成本，并且能解决央行集中控制货币发行权导致的货币超发以及进而发生的通货膨胀。因为在人们的设想中，数字货币可能是由区块链系统自动生成，根据交易量来发行，这样就能避免超发造成的通货膨胀。

另外，比特币在一定程度上打破了现实世界中或多或少存在的货币兑换限制和支付的寡头垄断，只要有能够连接互联网的机器，就可以在全球范围进行交易，而且成本很低，满足了公众低成本进行跨国界支付、交易的需求。

当然，自2008年国际金融危机之后，一些央行采取大规模量化宽松政策，招致了滥发货币的质疑。比特币不由任何一个单一的机构发行，由矿工挖矿产生，产生的速度由技术规则预先设定，并有一个上限，似乎可以有效地控制政府擅开"印钞机"的行为。还有匿名的特征，也非常符合信息时代对于个人隐私保护的需要。

但这些都不是重点。重点是比特币是一种无主权货币，是"法外之币"。它诞生于互联网，依靠一种技术进行保障，不受哪国政府或央行监管。那么，未来的数字货币是这样的货币吗？它会拥有超越主权的自由吗？它应该是像黄金一样，具有"去国别化"的特点吗？

首先，从比特币的目前设置来看，它带着明显金属货币的气质。它就像是互联网上的黄金，稀缺，但是数量有限。前文已经陈述过，黄金退出货币宝座的原因，基于同一问题，比特币只能是小众货币。但是这并不代表，其他数字货币在具备了比特币安全、自由、天然拥有信用的基础上，

第三章
大世纪的关键环节（KEY LINK）

无法打破目前自我设置的数量天花板。

其次，比特币带给世人的启发，让一部分人重新将目光投向一个并不古老的命题——自由银行制度，甚至有的商业银行已经开始尝鲜，比如花旗银行就运用区块链分布账户技术研发自己的数字货币——花旗币。

什么是"自由银行制度"？

这是一种完美竞争的金融体系，在这种体系中，私人银行可以在没有重大法律限制的情况下，竞争性发行货币，而不是由国家设置的中央银行来垄断发行。

历史上长期出现过由私人发行货币的情况，比如在美国南北战争以前就曾经有过一段繁荣而漫长的自由竞争的国民银行时期。在中央银行制大行其道的今天，人们先入为主地认为货币由中央银行来发行是天经地义的事情，然而，自由金融理论在逻辑分析和理论架构上却更胜一筹，这意味着两者之争不会轻易走向终结。

美国货币经济学家、圣路易斯大学哈耶克经济史讲席教授劳伦斯·H.怀特（Lawrence H.White）所著的《货币制度理论》，其中详细论述了"自由银行制度"，并坚定认为这一制度并非人们所想象的那样脆弱和易于崩溃，相反，在自由竞争环境中，能够成就自由货币的高效资产配置作用。

自由银行机制所产生的结果，就像现在的比特币，它超主权，不由任何一国发行，也不由国际组织发行，它纯粹诞生于虚拟网络的私人市场，其数量由大众普遍接受的技术规则来约束。尽管现在看来，其价格在实际运转中存在巨大缺陷，但自诞生至今，却仍未发生过"崩溃"事故，堪称一项互联网奇迹，这也是在全球范围内受到部分人们狂热追捧的重要原因。

自由货币的拥趸不仅有写了大部头著作和构思完整理论的哈耶克经济史讲席教授劳伦斯·H.怀特，还有像英国自由主义金融学家凯文·多德（Kevin Dowd）这样的，他就曾指出："普遍存在于西方国家的某些类型的政府干预——存款保险、资本充足率的规定，甚至中央银行本身根本就是荒谬的。"

货币形态的演变是供给与需求共同作用的结果。从需求来看，经济的发展对货币形态提出了要求。从供给来看，技术的发展使得货币形态的演变成为可能。数字货币与其背后的区块链技术同时对政府机构和商业机构提出了挑战。

随着数字化进程，虚拟货币已经客观存在。那么随着智能化进程，数字货币在未来是否就是货币自由主义呢？

从现在向前看，也许这还是一个开放的命题，答案有无数种。但如果从未来超人工智能时代向今天看，也许答案就是唯一的。

第四章
LINK 效率即财富效率

◇ 公司的发明，是社会权力的一次重置和解放。

◇ 公司制，是为提升 LINK 效率而不断进化的存在。

◇ 公司的力量，就是 LINK 财富的力量。

◇ 金融是 LINK 财富的高效方式，其他人创造财富，金融创造"创造财富的效率"。

◇ 未来，财富高效 LINK 的方式是：一切数据化，数据资产化。

◇ 数据不仅是资产，而且是核心资产。

第一节　**公司的力量**

《基业长青》作者吉姆·柯林斯指出:"人类历史上,一些最令人叹为观止的发明,其实不是技术或产品,而是社会发明。作为 20 世纪的产物,现代公司也属于此类发明。之所以这样说,绝不仅仅因为它是技术革新的源泉,最主要的原因在于它是连接市场机制与民主政治的桥梁。它是资本主义民主取得胜利的关键所在。"

公司在人类历史前进过程中所发挥的作用和意义,远远超出普通人的想象。尽管公司诞生于特权,但也最终瓦解了特权。从此,财富和权力不再自上而下授予,而是由底层自行 LINK,在人类文明发展最为重要的 200 多年时间里,作为重要角色参与到财富创造当中,并不断提高它们的效率。

○ 发明公司

公司的最早形态萌芽于至高权力的诉求。

古罗马帝国特别崇尚武力,其昌盛时期发动了无数扩充疆土的战争,相应的国库军费成为一笔令当权者头痛的大事。为解决这个问题，政府便将属于国家垄断的一部分特别权力许可给商人组成的团体，这些特别权力包括政府掌握的贸易、工程乃至税收等。商人通过权力授予，为国牟利，变相为政府筹集军费，同时也促使商业贸易的繁荣发展。

穷兵黩武的古罗马帝国消亡后，这种早期的公司萌芽也消失在溃败中的城市当中。直到中世纪，城邦政府再次拿起这一武器，授权商人为政府筹措资金。此时，中世纪的末期正是大航海时代的开篇，海上探险贸易成为当时获利最丰的商业形式，在LINK财富的强烈欲望驱使之下，易于集资并且将投资风险分散的公司组织形式便应运而生，而这也正是现代公司的雏形。

"欧洲商人活动的领域从地中海周围扩展到大西洋，东西半球各地贸易额大幅度增长。远洋贸易的发展迫切需要组建一大批大型贸易公司，于是在西欧各国重商主义政府的支持下，一批特许贸易公司纷纷出现。在英国，从1553~1680年，先后有49个远洋贸易公司成立。它们从国王那里获得特许，专营海外某一地区的商业。法国在1599~1789年间，建立了70多家这类公司，不过这些公司大多并不成功，最后在1789年的大革命中消失了。"[1]

该时期公司的特点是国家特许，拥有某一领域垄断或殖民活动权力，不过也带有明显的临时性特征。1600年成立的英国东印度公司，就是一种临时性的股份公司，它们存在的期限，可能是一次航行，也可能是几次航行；包括公司拥有的特许权，也是有明确时间限制的。该公司1720年向

---

[1] 参考资料：小艾尔弗雷德·D.钱德勒：《看得见的手：美国企业的管理革命》，商务印书馆。

第四章
LINK 效率即财富效率

最高权力者申请"永久特许状",但并没有获得批准。

第一家永久性公司是 1602 年成立的荷兰东印度公司,该公司基本具备了现代公司的基本特征,被认为是第一家现代意义上的公司,并且由这家公司延伸出了现代的交易所制度以及早期股票交易形态。见图 4-1。

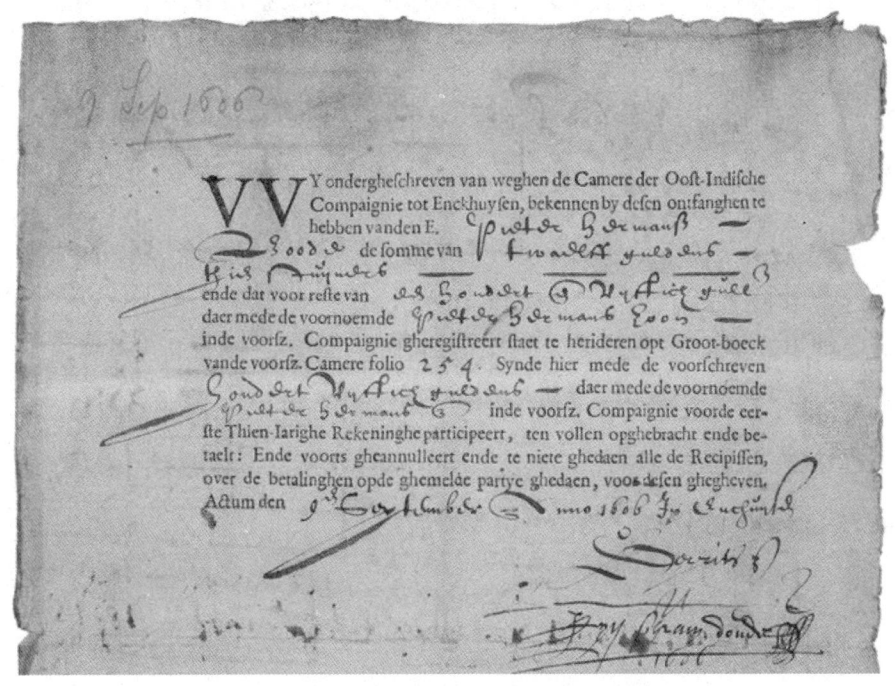

图 4-1 荷兰东印度公司发行的股票

荷兰东印度公司(Dutch East India Company)成立于 1602 年 3 月 20 日,1799 年解散。荷文原文为 Verenigde Oostindische Compagnie,简称 VOC,中文全文应译为联合东印度公司。其公司的标识以 V 串连 O 和 C,上方的 A 为阿姆斯特丹的缩写。在荷兰东印度公司成立将近两百年间,总共向海外派出 1772 艘船,约有 100 万人次的欧洲人搭乘 4789 航次的船班前往亚洲地区。平均每个海外据点有 2.5 万名员工,1.2 万名船员。

荷兰东印度公司是第一个可以自组佣兵、发行货币，也是第一个股份有限公司，其股东成员，上到阿姆斯特丹政府，下到贩夫走卒，通过发行股票向广众公开募资，筹集了相当于现在300万欧元的资本，才使得这家远洋冒险公司得以成功出航。

公司机制，就这样在千万民众身上如蚂蚁吞象般LINK了巨额社会财富。因此，所谓公司的力量，首先就表现为LINK财富的力量。

当然，东印度公司还被获准与其他国家订立正式条约，拥有对外实行殖民与统治的权力。这使得公司成立5年之后，公司规模就超过了往日海上霸主大葡萄牙和西班牙海上舰队总和，成为风头强劲的后起之秀。到1669年时，荷兰东印度公司已是世界上最富有的私人公司，拥有超过150艘商船、40艘战舰、5万名员工和1万名佣兵的军队，股息高达40%。

当然，伴随大航海时代霸权更迭，荷兰人革新过的公司制度和现代金融机制最终都被大英帝国所继承，并在1662年通过议会法案，奠定了有限责任制。到1720年，英国公司集聚的社会资本达到5000万英镑之巨，创办公司公开发行股票进行募资也达到巅峰。

例如，当时的南海公司，是1711年西班牙王位继承战争进行时创立的，是一间专营英国与南美洲等地贸易的特许公司。该公司通过夸大业务前景及进行舞弊等，进行疯狂自我炒作，到1720年，南海公司还通过贿赂政府，向国会推出以南海股票换取国债的计划，促使南海公司股票大受追捧，股价由原本1720年年初约120英镑急升至同年7月的1000镑以上，全民疯狂炒股[1]。

---

[1] 参考资料：360百科。

第四章
LINK 效率即财富效率

南海公司制造的神奇效应带动了众多后来模仿者，在很短时间内，英国冒出了202家"股份有限公司"，其中不乏稀奇古怪的公司，如"确保女人保持贞洁公司""在适当的时候才公布营业性质公司"等，有专营从西班牙进口翠鸟的，还有专营人类头发买卖的。这类骗子公司背着政府偷偷发行的股票也被贪婪冲昏头脑的民众疯抢一空。

结果可想而知，1720年南海泡沫崩溃，无数人为此倾家荡产，政府和公司信用都受到前所未有的质疑。同年，英国议会通过了民间称为"泡沫法案"的《反金融诈骗和投机法》，该法案规定：在没有议会法案或国王特许状给予的法律权利的场合，禁止以公司名义发行可转让股票，或转让任何种类的股份。这封杀和禁锢了公司的发展，因此，真正的现代公司在法律上确定其有效地位，又在漫长的历史中徘徊了一百多年，直至1862年，英国通过《公司法案》，才使现代公司发展步入新阶段。

哥伦比亚大学校长尼古拉斯·巴特勒曾经说过："现代社会最伟大的发明就是有限责任公司！即使蒸汽机和电气的发明也略逊一筹。"

为何学界给予公司制，尤其是有限责任公司如此高的评价呢？

很显然，公司机制，特别是有限责任公司有着明显的优点，主要可以概括为以下三点：

（1）公司LINK资本，从窄众到广众，小而广，具有民间财富的聚集作用。

（2）公司LINK资本，具备鼓励投资、分散风险的功效。

（3）公司LINK资本，在极大程度上促进了资本的流通和效率。

有限责任的核心是，公司即使运营失败，所承担的责任也是有限的，即风险是有限的，这使市场能够为早期商贸冒险行为买单，而且通过股份制和民间募集方式，在筹措巨额资金的同时，将巨大风险分散在一个个投资人身上，分散募集，就有效分散了风险承担能力，也使得民间小额资本能够有机会参与社会竞争和财富博弈，可以看作是最早的金融普惠形态。

当然，在早期公司机制不健全的情况下，有限责任也成为"诈骗温床"，不加制约，公司 LINK 财富效率之高将导致自我吞噬。这样的案例，在英国南海泡沫之后也不乏前仆后继者，但这些并不能泯灭公司作为一种机制有效 LINK 财富的能力。

○ 公司高效 LINK 资本

在美国纽约证券交易所（NYSE）的一块板子上，清楚镌刻着这样一行字：有限责任制度的创造，可以说像瓦特发明蒸汽机那样具有划时代的意义。

事实上，美国早期经济崛起与公司募资机制是环环相扣的。公司作为新时代社会资本载体，参与了美国最为重要的经济大发展时代，并直接为大国崛起奠定了必要条件。

19 世纪初，美国中西部土地肥沃、日照充足，是粮食、棉花的主要产地。然而闭塞的交通，使这些物资不能及时运到东部市场。从纽约州长德·威特·克林顿主持修建伊利运河将五大湖和大西洋直接 LINK 开始，美国经济进入伴随交通改善而大发展的时代，并尤以"铁路经济"为代表。

伊利运河是在 1825 年提前两年完工，它的成功开凿使得中西部货物运到纽约的成本节省了 20 倍，时间节省 3 倍。伊利运河社会总募资 600 万美元，相当于当时美国联邦政府一年财政预算总和。但这次成功之后，

第四章
LINK 效率即财富效率

铁路公司股票成为华尔街市场最炙手可热的认购标的物，源源不断的社会资金，特别是来自欧洲的投资，通过铁路公司，花费在美国经济腾飞前最重要的基础建设——铁路之上。

而铁路公司，堪称现代公司的先驱。"推动公司数量大增的根本动力在于竞技发展的需求，尤其是筹集资本的需求。"①

19世纪40年代中期，美国掀起修筑铁路的狂潮，对资本的需求是一个天文数字。"美国的第一条铁路巴尔的摩——俄亥俄铁路的投资额为1500万美元，伊利铁路的投资额为2500万美元，纽约中央铁路为3000万美元。"因此，通过发行股票和债券募集社会闲杂资金的公司制度得到了大力发展②。

1835年，华尔街只有3家铁路公司股票在报纸上报价，1850年增加到38家，同时铁路的股票、债券占全美可流通证券的一半以上。1830年全美只有37公里的铁轨，到1840年增长到4535公里，到1860年扩展到49287公里，已超过英国。私营铁路公司在最高峰时期有6000多家，此后伴随竞争中的合并或破产，减少到几百家。

以铁路为主的交通事业的发展对美国西部大开发和国民经济增长具有深刻影响，以致很多经济学家称19世纪的美国历史基本上就是一部铁路成功史。

内战爆发之前，一个地区性铁路网络已经在美国形成，它把密西西比河以东地区LINK在一起。内战结束后，在联邦政府与地方政府的共同促进之下，美国铁路建设不断升温。

---

① 参考资料：胡国成：《公司的崛起与美国经济的发展》，《美国研究》1993年。
② 参考资料：同上。

到 19 世纪 90 年代，美国基本形成了全国性覆盖的铁路网络，除了遥远西部及南部偏远地区外，铁路在美国四通八达，无所不至。1859 年，美国铁路总长 4.5 万公里。货物运输量为 26 亿吨，客运量为 15 亿人次；而到了 1890 年，美国的铁路总长已经达到 26.7 万公里，货物运输量达到 792 亿吨，客运量达到 120 亿人次。换言之，在 30 年时间内，美国铁路总长度增加了 6 倍，货运量增加 8 倍，客运量增加 30 多倍。与此同时，铁路的运输效率也提高了 1 倍多。相比之下，水运显得无足轻重，伊利运河的货运量只有铁路的 5% 左右[1]。

历史已经证明，公司制度的发明，极大地推动了人类社会的经济发展。在美国崛起的过程中，铁路和运河的修建都需要巨额资金，股份有限公司的出现，就成为筹集资金最有效的方式。马克思曾做过形象的比喻："假如必须等待积累，以使某些单个资本增长到能够修建铁路的程度，那么恐怕直到今天，世界上还没有铁路。但是，通过股份公司转瞬之间就把这件事完成了。"

所以，公司出现的重要意义，首先是作为一种资本高效 LINK 的方式而存在的。美国依赖于从英国集成来的公司机制，募集了本国乃至全欧洲的社会流动资本，据美国经济史学家道格拉斯·诺斯估计，19 世纪 50 年代中期，仅外国人购买的美国铁路债券就高达 1.5 亿 ~2 亿美元[2]。1890 年又增加到 30 亿美元。19 世纪 80 年代初，欧洲资本家在美国铁路建筑方面的投资达到 15.35 亿美元[3]。到 1898 年，欧洲人仍然握有价值 31 亿美元的

---

[1] 参考资料：麦克尼尔：《世界史》。
[2] 参考资料：郑伟民：《衰落还是复兴：全球经济中的美国》，社会科学文献出版社。
[3] 参考资料：余志森：《美国史纲》，华东师范大学出版社。

第四章
LINK 效率即财富效率

美国铁路证券，约占全部证券的 1/3。

可以说，是美国的铁路公司吸纳了欧洲的财富，成功补贴了本国基础设施。因为在之后到来的铁路股票泡沫中，5 年时间这些公司市值损失了一半以上，许多欧洲人只好低价抛售手中股票，这意味着欧洲为美国铁路花了钱，却并没有享受铁路带来的增益，最终低价卖回给了美国人。

当然，这是另外一个故事了。

○ 权力的转移

公司 LINK 财富的效率大幅提升的终极秘密是什么呢？为什么公司机制在这两百多年的时间里得到迅速的发展？而这两百多年恰好又是人类文明最璀璨、最辉煌的代表？

答案还是公司制度本身。

公司的出现，在本质上并不仅仅是一种现代商贸的组织形式，而是一种权力的重塑和转移。公司的发展，伴随着现代法律、契约精神，以及民主和自由的普世价值观，是对上个时代权贵机制的颠覆和反叛。

虽然公司出现时，带着半官方的色彩，通过获得政府特别授权而承担某些政府职能，但是，公司在自我发展过程中，更接受市场这只"看不见的手"的支配，更加热衷于自由竞争和平等贸易。

激烈的竞争和残酷的优胜劣汰，往往促使更优质公司和产品的出现，而高度垄断则与腐败、懈怠和低效连接在一起。垄断的市场，背后定然是权力的集中控制，竞争的市场则体现为权利、民主、共享。

以美国为例，最初美国公司的建立直接舶来于英国，因此也是以政府颁发特许状的形式建立的。只不过与英国有所不同的是，特许状颁发权力来自州议会而不是国会，这体现了美国政权自下而上的总体特征。

公司在美国建国之初得到了长足发展，到1800年，由殖民地时期的24家突增到328家。由于特许形态与美国平等、自由的立国精神相违背，特许形态也就逐渐转变为一般公司制。

这一重要转换的标志性事件是1837年的"查尔斯河桥案"。

1780年，马萨诸塞州以特许状的形式，批准查尔斯河桥梁公司建造一座横跨查尔斯河的桥梁，出资者为哈佛学院和波士顿的名流。该公司获准在桥梁建成投入使用后的40年内征收过桥费，后来又将过桥费收取时间延长了30年。查尔斯河桥建成后，成为连接波士顿市区与周围小区的重要通道，也为桥梁公司的股东们带来了巨大的收益。公司股票1805年为每股444美元，1814年涨到2080美元。但是，随着地区的发展，查尔斯河桥已不能满足需要。州议会在1828年又准许由查尔斯镇的商人组成的沃伦桥梁公司，在查尔斯河桥旁边建造一座新桥，规定该公司可征收过桥费，直到所有建桥费用得到回收时为止，然后转为州的财产，届时该桥将成为免费桥。该决定打破了查尔斯河桥的垄断，势必使查尔斯桥的收入大大减少。于是，查尔斯河桥梁公司声称州建新桥的决定违背了马萨诸塞州州宪法保护人民生命、自由和财产的承诺，违反了联邦宪法中的合同条款的原则。该案最终被送至联邦最高法院。

最高院以5：2的结果裁决允许再建新桥。罗杰·布鲁克·坦尼首席大法官在判决中，否决了查尔斯河桥公司特许状的垄断性："在特许状中并没有明确的条款说明给予查尔斯河桥公司的特许是唯一的，或者是禁止再建一座与查尔斯河桥相竞争的桥。因此，查尔斯河桥公司并没有默认的

第四章
LINK 效率即财富效率

垄断权。"① 该判决生效后的直接后果，就是公司特许状时代的整体性结束。

而坦尼大法官所遵从的价值观就是"私有财产权应予维护，神圣不可侵犯"，但"我们不应忘记，社会也有许多权利，每个公民的幸福和福利都有赖于这些权利得到忠实维护"。因此，这一判决对美国后来工商业的发展产生了不可估量的影响。

1836 年和 1837 年，宾夕法尼亚州和康涅狄格州分别颁布一般公司法后，美国其他各州开始竞相效仿。"1875 年，一般公司法在美国基本普及，47 个州和领地中有 44 个通过一般公司法，达到 90% 以上。②"一般公司法的普及，使得建立公司从政府特别许可中解放出来，降低了公司成立的门槛，公司自由市场竞争的时代随之拉开大幕。

美国为了保护市场竞争的自由性、充分性和有效性，也一直从法律角度坚决反对各个领域及各种形式的市场垄断行为。

美国第一部反托拉斯法（即反垄断法）是 1883 年亚拉巴马州（又译为阿拉巴马州）通过的。之后的 7 年时间里，先后有 18 个州制定了自己的反托拉斯法。1890 年，经国会同意、总统哈里逊签署命令颁布了俄亥俄州参议员谢尔曼提出的反垄断法。《谢尔曼法》禁止垄断协议和独占行为，从根本上奠定了美国反垄断法律的基础。

1914 年，美国颁布了《联邦贸易委员会法》及《克莱顿法》，这是对《谢尔曼法》的补充和完善。根据这些法律，一旦企业被裁定有垄断嫌疑，将可能面临罚款、监禁、赔偿、民事制裁、强制解散、分离等多种惩罚。

---

① 参考资料：胡晓进、任东来：《联邦最高法院与现代美国公司的成长》，《南京大学学报》，2005 年。
② 参考资料：郭铁：《试论美国公司法向民主化和自由化方向的历史性演变》，《美国研究》，2003 年。

一旦企业被认定违犯反垄断法，就要被判罚三倍于损害数额的罚金。

1936年，在小贸易公司的压力下，美国国会通过了《罗宾逊-帕特曼法》，作为对《克莱顿法》的修正案。1936年的法案更详尽地确定了价格歧视的实质。1950年的《谢列尔-克弗维尔法》对于防止公司反竞争兼并起了很大的作用。

1976年《哈特-斯哥特-拉蒂诺法》以及70~90年代通过的一系列法律均对反垄断法的调整做出了重大修改。

……伴随法律不断完善的步伐，美国对境内垄断行为的打击也从未间歇，其中不乏历史上一些非常著名的公司。

如1911年，美国联邦最高法院宣判"石油大亨"洛克菲勒标准石油公司垄断市场，在经过政府20多年的打击和诉讼后，被强行解体为30多个独立的石油公司。

1984年，一度垄断美国地方和长途电话业务以及设备市场的公司——美国电话电报公司（其前身为电话发明人贝尔于1877年创建的美国贝尔电话公司），被分离成一个继承母公司名称的电报电话公司（专营长途电话业务）和7个地区性电话公司。

1998年，美国司法部向微软发起的反垄断诉讼，联邦法官托马斯·杰克逊才宣布微软是垄断机构。在其调查报告中称：微软在英特尔个人电脑操作系统市场中，享有至高无上的权利。尽管微软最终没有被要求解体，但向竞争对手付出了7.5亿美元的巨额赔偿。

时至今日，反垄断法依然是很多跨国大型公司的"噩梦"。尤其是在"市场只有第一"的互联网时代，包括微软、脸书、苹果等科技巨头都在欧盟遭受过反垄断相关的处罚，在最近的2017年6月，谷歌也面临欧盟

第四章
LINK 效率即财富效率

的反垄断指控，罚款金额最高可达公司全球营业额的 10%。即罚款金额可能会按 2016 年营业额的 10% 计算，也就是 90 亿美元左右。

天价罚款和强行肢解的背后，是对公司和自由竞争本质的保护，也是对中小资本和创业者机会均等的承诺。因此，时至今日，公司仍旧是一种高效的财富组织和分配方式。在目前的中国，任何人花 1 元钱，都可以注册成立属于自己的公司，有自己的股东合伙人，相对自由地参与社会竞争和财富博弈。这种感觉，正如马云所说："梦想还是要有的，万一实现了呢！"

可以说，公司制给了社会底层财富自由的无限可能。

第二节　华尔街崛起

华尔街继承了它最早的经营者荷兰人热爱自由交易的天性和对金钱的渴望，在数百年的时间里，这一仅仅位于"一块墓地和一条河流之间"的6个狭窄街区，掌握着全世界接近一半资金的流动性，如果单独把华尔街GDP拿出来，它所创造的财富将超过很多国家。

华尔街是美国金融乃至世界金融的集萃，是财富和资本的代言人，恐惧和贪婪是这里永恒不变的主题，在此背后，则是金融对资本的高效市场化配置，这种财富高效 LINK 的直接后果，就是塑造了美国的崛起。从纽约州长克林顿销售伊利运河债券，南北战争为林肯政府募集战争军费，摩根出面解决国家黄金流动性……一直到现代以互联网为基础的新兴创意产业蓬勃发展，在美国强国之路的每一个重要时期，华尔街都站在了历史前沿，为国家输送源源不断的资本。

其他人在创造财富，华尔街却在创造财富的效率。

第四章
LINK 效率即财富效率

○ 高效财富 LINK 美国

200年前,美国只是一个草木丛生的荒蛮之地,最先到来的航海冒险者荷兰人用价值24美元的商品从印第安土著手中购买了一大片荒地,并命名为"新阿姆斯特丹",这就是世界金融之都纽约的"草根"来历。

荷兰人在纽约建造了一条"墙街",而这条"墙街"建造了美国。

1. 美国的第一桶金

在上一章节关于公司的陈述中,已经讲过,美国强大国力之所以能在一战二战中迅速崛起,很大因素仰赖于19世纪在全美兴起的"运河-铁路"建设。当时的美国家庭,一年收入只有1000美元,而修建1英里(约1.6公里)的铁路就需要耗费3万美元以上。

是华尔街帮助美国完成了这一项历时数十年的高风险,他们大额度募资,让广袤的美国用运河和铁路穿透地理空间束缚,使各地盛产的棉花、大豆、玉米可以迅速进行流通交易。就在美国借助全国交通网率先进行市场统一的时候,法国和奥地利还在讨论铁路是否会破坏地气,英国正为一位议员葬身铁轨而纠结这种交通工具的未来前程。

作为一个国家,美国的第一桶金正是源于华尔街的资金支持。

2. 华尔街重组美国

到南北战争,美国国运又站在了历史的十字街口。向左走还是向右走,基本取决于战争经费。

当时,掌握在林肯手中的募资工具少得可怜,当时的北方政府,并没有健全的财政系统,也没有中央银行来发行足够支付战费的钞票,没有银行管理体系,没有统一的货币,也没有税收机构。

当时以英国为代表的欧洲国家一致站到南方政府一边,对资助林肯联邦政府毫无兴趣。1860年12月,联邦政府平均每天的费用支出只有17.2万美元,但是到了1861年年初夏,当战争打响的时候,每天的费用高达100万美元。到了这年年末,这一数字涨到150万美元。战争已经打无可打,要赢得胜利,首先要赢得胜利所需的巨额资金。

带着这样的重任,林肯派遣财政部长前往华尔街募资,并最终筹集了5000万美元。但这显然不能满足战争的开支,一位陪同前往的银行家库克这时想出了一个天才般的主意,绕开银行直接向公众发行战争债券。

库克在报纸和传单上广泛宣传要发行的债券,并说服财政部将这次发行的债券面值缩小到50美元。同时雇用了2500名中介,周游在北方与西部各州进行销售。他在报纸上讲了很多故事,告诉美国普通的工薪阶层购买这些债券不仅仅是一种爱国表现,也是一笔很好的投资。他的销售广告简洁有力:"为了胜利请购买国债。"他的销售团队甚至走向南方,只要当地为北军占领。

库克成功地完成了林肯政府5亿美元的债券销售,使之最终赢得胜利。至于南方,因为完全缺乏这样的财务杠杆机制,军费就成了拖垮战争的累赘,且通货膨胀率已接近战前的9000%,失败在所难免。

库克的这次债券发行改革,意义重大,除了帮助林肯赢得内战,也改变了美国人民的财务结构。在战争之前,不到1%的美国人持有各种形式的证券,床垫是人民存放现金的地方。但光是库克就将债券销售给了5%的美国北方居民。到战争结束时,库克卖国债的速度已经比政府战争花钱的速度还快。

美国政府的国债余额在战争早期为6500万美元;战争结束时,美国

第四章
LINK 效率即财富效率

政府的国债余额达到了 27 亿美元。战争结束后，南方的一位将军曾这样说："我们不是输给了北方的士兵，而是输给了北方的金融。"

与此同时，在美国南北战争的前后，也就是 1861 年到 1865 年，短短 4 年之内美国的国债规模增长了 42 倍，华尔街一跃成了全球第二大资本市场，仅次于伦敦。

3. 并购浪潮，大国崛起

华尔街在资本市场的推动下支持着美国钢铁、化工等一批行业不断崛起。到 19 世纪最后 30 年里，美国迅速完成了重工业化。也就是在 1900 年，美国的钢铁总产量已经超过了欧洲各国的总和，它的 GDP 总量超过英国，成为世界第一工业国。相应的，已经成长为庞大资本配置中心的华尔街，股票市场也在发生重要改变。在 1878 年的时候，华尔街还没有一只制造业的股票，但是到 1900 年的时候，制造业的股票已经成为华尔街的主体。

美国作为后发国家能够超越其他工业革命老牌国家，一个最重要的因素就是华尔街强大的融资能力的支持，这使得美国工业开始掀起一股追求大规模、低成本、高产量的托拉斯（垄断组织的高级形式之一）之路。这也是美国的第一次并购浪潮，时间是 1898~1904 年间，在这 8 年间，共发生了 2943 起并购，平均每年 368 起，其中 60% 的并购案都发生在华尔街的证券交易所。

这次以同行业、横向兼并为主的并购热潮带来规模化生产优势，重工业开始飞速发展。1860 年，美国大部分的钢铁产品还需要进口，到 1900 年，美国钢铁产量已超过了英国、法国、普鲁士等欧洲列强的总和，同时也缔造了美国工业的大型集群公司。

譬如，约翰·皮尔庞特·摩根创建的美国钢铁公司收购了安德鲁·卡内基创办的卡内基钢铁公司以及其他784家独立公司，最后形成钢铁巨人——美国钢铁集团，它的产量曾一度占美国钢铁行业生产总量的75%。另外，今日仍然作为巨型跨国公司活跃在世界市场的杜邦公司、标准石油、通用电器、全美烟草公司以及国际收割机公司等都是在第一次并购浪潮结束时就已在业界领先。

第一次并购浪潮彻底改变了美国的经济结构，3000家公司的消失，使一些大公司控制了美国许多产品的生产。美国烟草公司当时已占有90%的市场份额，洛克菲勒的标准石油公司当时占有美国市场份额的85%，它仅通过3个炼油厂就控制了世界石油产量的40%。美国经济史学家拉穆鲁统计，在当时有72家大公司分别控制了各自市场份额的40%，42家大公司至少控制了市场的70%，尽管许多大公司很快失去了支配地位，但包括美国钢铁公司、杜邦公司、国际收割机公司等大公司在50年后仍位于美国100家最大公司之列[①]。

之后，美国又经历了第二次并购浪潮，华尔街投资银行开始走向历史前台并发挥主导作用，与第一次并购浪潮不同，此次大并购主要是产业部门之间出现了纵向合并。譬如福特公司形成了集生产焦炭、生铁、钢材、铸件、锻造、汽车零部件、装配及运输、销售和金融等环节为一体的联合企业，这更有利于产品的创新。

华尔街重塑了美国经济，尤其是第二次并购浪潮，使美国成功进行了产业机构转型，由大规模的标准制造转向专业化的精密制造。美国投行在

---

① 参考资料：《美国第一次并购浪潮的启示》原载于《证券时报》。

其中的优异表现,使其立刻发展为美国金融的重要一翼。

4. 风投与纳斯达克支持现代经济

20世纪70年代,全球能源危机使得美国经济严重衰退,股市"十年不涨"。美国似乎又到了新一轮产业革命风口期,华尔街的金融创新和资本再一次站出来,为美国今天高新科技产业打下坚实基础。

为此,美国金融做了两件事,其一是催生了纳斯达克,这是一个以风险型高新科技企业为主要上市标的的新兴政权交易市场;其二是风险投资的大踏步发展。两者相辅相成,直接促进了三大科技工业园区:硅谷、波士顿128公路地区、北卡罗来纳研究三角园的形成。其中,硅谷又成为佼佼者,引领全世界一轮又一轮的科技新浪潮。而纳斯达克,则缔造了美国超级网络科技强国的地位:1971年英特尔、1980年苹果、1986年微软上市,基本奠定了美国计算机行业的垄断地位;1990年思科和1996年朗讯的上市,带来美国通信业的迅猛发展;1996年时代华纳、雅虎,1997年亚马逊和2004年谷歌上市,使得美国网络科技霸业全球无出其右。而这背后,都应归功于美国以华尔街为代表的资本市场的有效运作。

过去的30年中,在世界范围内,几乎所有的高科技产业都无一例外地从美国本土兴起,今天,美国仍然引导全球高科技产业的发展,而很多其他国家包括一些发达国家都只是在跟踪或模仿美国而没有自主创新能力。

○ 高效 LINK 工具

金融的本质在于资本的高效流通和配置。

美国的金融资本市场和华尔街股市一直在美国经济体系中占有非常特

殊的地位，导致金融资本以最快的速度流动，各种生产要素也得以证券化并以最快的速度交换。公司上市可以变成股票，信用上市变成债券，人力资本、个人的潜能可以变成期权，普通市场只能定价过去，而金融市场可以定价未来。

华尔街代表的金融体系，交易和 LINK 是现在 + 未来的综合财富，其高效创富能力令世界瞩目，1913 年，美国股票市值和银行存款比例大致为 1∶1，将近一百年后，1999 年，美国股票市值和银行存款的比例是 9∶1。也就是说，在这一百年的时间里，随着资本市场推动美国经济的增长，华尔街的规模也越来越大，越来越多的资源将走向资本市场，并通过这个市场实现高效配置。从 20 世纪 80 年代以来，随着场外衍生品市场的高速发展，美国金融上市公司利润占全部上市公司利润的比例从 20% 上升到 50%，以金融为核心的第三产业占美国 GDP 比重达 80%。

根据世界银行的统计结论：凡是资本市场发展比较落后的国家，它的经济可持续发展的动力是不足的。反之，凡是资本市场发展充分的地区，经济动能则表现得十分优异。

应该注意到，1913~1918 年这 5 年当中，伴随英美两国地位的转换，有三件事情发生：

第一，纽约交易所的规模超过了伦敦交易所；第二，紧接着，纽约超过伦敦成为全球第一大金融中心，伴随最新最大市场的转移，全世界的资金也转移到了美国；第三，在同一个历史瞬间，美国人均 GDP 超过了英国，美国真正从实力上超越英国[1]。

---

[1] 参考资料：360doc 个人图书馆：《华尔街对美国经济的贡献有多大》祁斌对话。

第四章
LINK 效率即财富效率

在金融强国之路上走下去的美国，确实建立了相对完善的资本市场，更多的金融工具被创新出来，并快速实践。例如：债券、证券和风投是其中有力的代表，也是高效财富创造的代表。

债券市场，其发展一直为美国这个金融中心提供强力的资本支撑。早期第一桶金，修建运河、造船、修建铁路、西部扩张等都需要大量的资本支持，这些资本大部分通过债券市场获得。两次世界大战期间，美国政府也通过场外交易市场发行战争债券筹集战争经费。通过发行债券筹到的资金还帮助美国走出19世纪末至20世纪初以及1929年至1933年两次经济大萧条。在2008年9月国际金融危机爆发后，美国经济陷入低迷时，也是通过发行巨额外债筹集到了刺激经济发展的资本。

证券市场，则是一个体系完备的多层级结构。第一层，是以纽约证券交易所和纳斯达克为中心的全国乃至全球市场，中国最优秀的互联网科技公司，基本都在这两个市场上完成IPO（首次公开募股），例如，在纽交所上市的阿里巴巴、唯品会、宜人贷等。而百度、网易、搜狐、新浪、携程、京东及最近的高德等超过100家中国优秀公司则选择在纳斯达克上市。第二层，是美国证券交易所和纳斯达克小型资本市场。第三层，是由波士顿股票交易所、芝加哥股票交易所、太平洋股票交易所等地方性股票交易所构成的区域性交易所市场。第四层，是由OTCBB（美国场外柜台交易系统）板块、粉红单板块构成的OTC（场外交易）市场。

美国证券市场层级明确，各个市场用不同的上市规则和交易方式，来分流不同成长阶段和规模的公司，同时也对投资人提出不同的要求。多层市场的直接好处，是为美国企业从小到大从优到劣，都给出了直接融资的渠道，从而有效降低企业尤其是中小企业的市场融资成本。中国近年来大力发展新三板，整顿四板市场等，实际都是在向美国学习，试图打通长期掣肘中国民营企业发展的直接融资渠道。

风险投资和多层级的证券市场是共生共长的。前文说过，风投和纳斯达克的良性互动，驱动了美国的科技新浪潮，使美国在今天依然是世界强国。

1999年，法国《费加罗报》曾发表一篇名为"美国经济奇迹的奥秘何在？"的文章，该文指出：在1992~1998年的最近8年中，由于风险投资市场急剧膨胀，使美国的许多高新技术基地发展迅速，在这8年中，每年平均可创造200多万个就业机会，所增加的财富相当于整个德国的国内生产总值。利用社会上的资金支持创办小型风险企业以开发新产品，已成为美国经济发展的核心。

众所周知，全球首富宝座在很长一段时间内被微软比尔·盖茨垄断，巴菲特常常紧随其后，第三名则是大家并不熟悉的保罗·艾伦。保罗是如何致富的呢？听起来似乎很简单，作为比尔的同窗好友，他在微软初期投入了一笔今天看来"举足轻重"的资金，这笔资金的收益，促使他成了世界第三大富豪。

风投造富的神话在硅谷更是俯拾皆是，美国硅谷银行总裁里高利·贝克就曾在采访中说，美国21%的GDP来自于接受风险投资的企业，换言之，风投成就了美国将近1/4的社会财富。

这就是金融LINK财富效率的一个缩影。

现如今，金融工具的竞争进入了AI科技时代，财富LINK效率的机器时代正在到来。量化对冲基金的兴起和流行，就是其中最好的例子。

工具，最快、最好的工具，常常带来最快、最好的财富。然而，有时候又不是这样。

第四章
LINK效率即财富效率

○ "贪婪是好的"

贪婪是好的（Greed is good）。

这句话出自电影《华尔街》中金融大亨戈登·盖柯（Gordon Gekko）之口。贪婪和恐惧的游戏，似乎就是以华尔街为代表的金融世界终极秘密。人类在不寐的金钱帝国攀登高峰，也摔入低谷。

2008年金融危机以来，在华尔街流行这样一段话："假设去年你有1000美元，如果买了大美航空公司的股票，今年还能剩下49美元；如果买了AIG美国国际集团的股票，剩下约12美元；买了房地美股票，只剩2.5美元；如果买1000美元的啤酒，喝光后把易拉罐卖给回收站，能换回214美元。"

2008年3月，第五大投资银行贝尔斯登濒临倒闭，在联邦政府的支持下，贱价卖给摩根大通。2008年9月，就在联邦当局接管两大房贷巨头房利美与房地美后没几天，第四大投资银行雷曼兄弟又惊传陷入财务危机，并在15日被迫申请破产保护。同时，另一家陷入财务困境的投资银行美林则被美国银行收购。

金融的高效杠杆作用之下，使这次危机罪魁——次级债券衍生合约的市场规模被放大至近400万亿美元，相当于全球GDP的7倍之高。日本媒体报道这次危机将导致全球金融资产缩水27万亿美元。这次金融危机被认为是二战以后全世界经历的最严重一次危机，时任美国总统的布什说："华尔街喝醉了。"

然而华尔街一醉，带来的是全世界经济大衰退，包括绵延至今的欧债危机，在近十年的时间中，让全球经济引擎们萎靡不振。

那么谁应当为这次危机承担责任？谁是罪魁？是卷入次贷市场的所有人，包括贷款方经纪人、借款方、机构、管理者、投资者和中央银行……还是最早就深埋在华尔街财富梦中的贪婪基因？

危机令全世界都在反思。美国次贷总共不过几千亿美元，而美国政府救市资金超过万亿美元以上却仍不能挽回颓势，原因何在？表面的几千亿美元，通过金融杠杆和不断的买卖，已经"繁衍"为60多万亿美元的一个庞大敏感资产——信用违约掉期（Credit Default Swap，CDS）。这也是金融高效 LINK 财富的另一面，魔鬼的一面。

信用违约掉期，创新自摩根大通银行，布莉斯·马斯特斯因为这个产品创意，而被英国《卫报》称为"发明了大规模杀伤性金融武器的人"。而这个武器的主要作用就是将美国几千亿美元的次贷，转化成为在银行、保险等金融机构进行交易买卖的信用违约掉期，实际上做了一次证券化，而金融机构通过杠杆投资和多次交易，又放大了这批资产，而资产的原始标的并没有发生本质改变，即风险偏高的房市贷款。当房价不断上涨时，房市信用违约率低，信用违约掉期大赚其钱。可是房市一旦停滞不前进入下行区间，这个梯形放大了的投资标的瞬间倒塌，最终伤害了所有金融活动的参与者和所有社会经济生活中的每一个纳税人。

在2016年荣获奥斯卡最佳改编剧本奖的电影《大空头》（*The Big Short*），是近年来反思2008金融危机的诚意之作。该电影取材迈克尔·刘易斯的同名小说，也是金融危机后最著名的畅销书之一。

故事讲述的是一群智力超群、性格怪异的"终结者"，他们之前仅是名不见经传的华尔街员工，却由于对次贷市场的繁荣和金融工具的泛滥充满质疑和不信任，最终洞见了美联储和财政部都不曾察觉的市场疯狂，将

第四章
LINK效率即财富效率

赌注压在美国金融机构行将崩溃上。结果，他们打败了华尔街。然而，获得巨额财富的他们却并没有得到快乐，因为在他们成功的背后是全球经济的断壁残垣。

从这个视角往回看，"贪婪是好的"显然是一个可怕的信条。但是伴随技术的不断进步，金融发展的自身要求会令更多更复杂更创新的工具出现在社会经济体系中，这就像时间的流逝一样无法阻挡。而且，人类永远无法克服对金钱的贪婪，但人类为了自己的生存环境，应该时刻自我警醒：日益复杂的金融衍生品可分散风险，但不会消灭风险。当流动性过剩成为常态，实体经济跟不上虚拟经济的脚步，风险会逐渐放大。

第三节　数据化 = 高效 LINK

早在 1995 年，未来学家尼葛洛庞帝在他的《数字化生存》一书中写道："数据不再只是和计算相关，它将决定我们的生存。"

这种"决定"，将最直观地体现在财富 LINK 方式的转变上。在过去，财富高效 LINK 的方式是：资产资本化，资本证券化。而未来，财富高效 LINK 的方式是：一切数据化，数据资产化。

数字资产时代，我们即将到来的时代。

○ 一切数据化

维克托·迈尔·舍恩伯格（Viktor Mayer-Schönberger），被誉为"大数据时代的预言家"，他在 2013 年出版的《大数据时代》中将大数据变革比肩于古登堡发明印刷术，并举了一个实际发生的案例：

H1N1 甲型流感爆发的时候，哪个机构对疫情的爆发与传播预测更准确，不是疾病防疫部门，而是谷歌，其通过提取一些诸如"如何治疗咳嗽发热"之类搜索记录中的特定词语，建立起对应的分析模型，最终预测出流感的爆发趋势与轨迹。而这些海量的数据甚至不需要专门派人工去获取，当然也不可能通过人工来获取。

第四章
LINK效率即财富效率

数据以及数据结构所带来的应用，正在改变着这个地球的方方面面，让人类达到了一个文明新高度。当大家都认识到数据本身及未来可能产生的价值后，一个全世界广泛参与的"一起数据化"运动就开始了。

进入大数据时代，量化一切成为数据化的核心，文字变成了数据，方位变成了数据，我们的关系、经历和情感等都是数据，沟通变成了数据，世间万物变成了数据，最终使整个地球变成了数据。

《连线》技术专栏作家沃尔夫（Gary Wolf）曾经在2007年创造了一个新的词汇："Quantified Self"，意思是：自我量化。人们近年来所追逐和消费的智能设备，正是满足于用户"自我量化"的需求。

大数据把人都"标签化"了，以前互联网公司采集的都是ID（账户）数据，但是很难接近真人的数据，现在，通过各种平台及职能工具，实时抓取每个用户的即时行为数据，并让以前无序的、碎片化的、藏匿的、杂乱的数据得以集中和分析，最终得出一个人的大数据画像，而这种数据画像在今天，日趋真实。见图4-2。

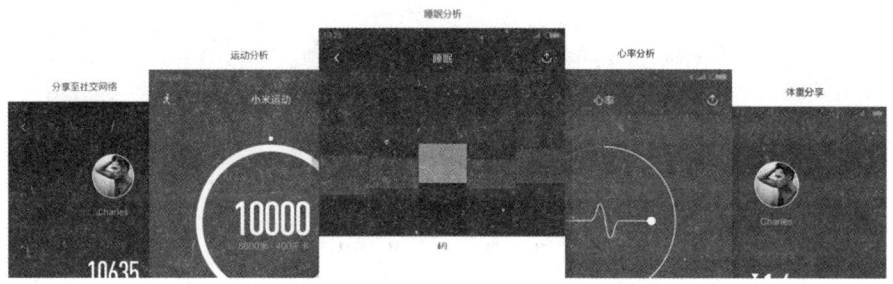

图4-2 小米手环所检测的数据示意图

小米手环所检测的数据包含"睡眠分析""运动分析""心率分析""体重分享"等几大项目。

资料来源：小米官网

个人自我量化的结果,是对自己行为的数据监控。而真正的生产力来自于企业的大数据集成,其中阿里巴巴旗下的芝麻信用,就是一个企业运用个人数据挖掘的良好案例。确切地说,芝麻信用将每个用户量化为一个芝麻信用分,不同分值对应不同应用,由此,一个人从一个 ID 转变为一个有价值的征信,而征信可以通过平台服务直接 LINK 各种社会资源。

那么,芝麻信用是如何将一个陌生的网络用户数据化的呢?

首先要有海量数据。对于征信领域而言,由于传统征信模型主要依赖历史信贷等强相关数据的可获得性,导致在互联网时代中国数十亿网民并没有历史信贷数据,传统征信模型丧失了作用。这就给了像阿里巴巴这样的互联网消费平台以全新机遇。芝麻信用数据来源(见图 4-3)非常广泛,第一梯队首先是阿里巴巴的电商数据和蚂蚁金服的互联网金融数据;其次是来自第二梯队的广泛第三方合作,包括公共机构和第三方企业;最后还有第三梯队的用户自主上传数据等。

芝麻信用的数据来源(示例)

基本信息	注册信息	兴趣偏好	支付和资金	人脉关系	黑名单信息	外部应用
年龄 性别 职业 家庭状况 ……	注册方式 是否实名认证 注册时长 ……	消费场景 消费层次 是否乐于分享 ……	信用账户历史时长 信用卡张数 银行卡类型 笔均额度	人脉圈信用度 活跃度 粉丝数 影响力	是否有过作弊交易行为 是否有过欺诈行为 是否有过公检法不良记录	是否有信用卡逾期还款记录 是否外部商户的恶意用户

图 4-3 芝麻信用数据来源

资料来源:蚂蚁金服

第四章
LINK 效率即财富效率

通过阿里巴巴旗下平台多年积累，4.5 亿人口为该平台的实名用户，覆盖了近一半的中国网民，通过各渠道的数据抓取，芝麻信用每天获取用户行为数据是 PB 级别的，相当于 5000 个国家图书馆的信息量。

这种数据抓取效率已经达到惊人的程度，但在中国，芝麻信用拥有的数据应该不是数量最多的，尤其是对比某些社交平台软件的数据产生量级，但应该强调的是，芝麻信用抓取的数据，是结构化最好的，最具备挖掘价值，这些信息与用户关是强关联度的，具备更多的真实性和新鲜度，能够实时反映一个人的行为特征，因此，也是最容易进行数据量化应用的。

有了大数据，之后就是建立算法模型。芝麻信用运用云计算及机器学习等技术，通过逻辑回归、决策树、随机森林等模型算法，对各维度数据进行综合处理和评估，客观呈现客户的信用状况。

例如，芝麻信用应用梯度提升决策树（Gradient Boosting DecisionTree，GBDT），深入挖掘特征之间的关联性，衍生出具备较强信用预测能力的组合特征，并将该组合特征与原始特征一起使用逻辑回归线性算法进行训练，从而获得一个具备可解释性的准确的线性预测模型。比如，一个人在某些特定品类上的消费行为，一定程度上反映了他的家庭责任感，这些行为本身与信用的相关性可能并不高，但如果他还经常参加各类公益活动，那么这两类特征的组合则可能与其个人信用表现出很强的正相关性，也就是说，变量之间的交叉分析有助于提供模型的信用预测能力[1]。

根据公开的信息，芝麻信用用五个维度来进行数据关联，分别是"身

---

[1] 参考资料：黄嵩资本论微信公众号，文章标题为：你以为芝麻信用还只有"芝麻分"一个产品？

份特质""履约能力""行为偏好""人脉关系"和"信用历史"(见图4-4)。根据上述五个信用维度的数据,从而建立了刻画个人信用全貌的模型,基于 7×24 小时在线运算能力,运用机器学习算法等大数据技术,最终得出范围从 350 分到 950 分不等的芝麻信用分(见图 4-5):

350~550 分为较差

550~600 分为中等

600~650 分为良好

650~700 分为优秀

700~950 分为极好

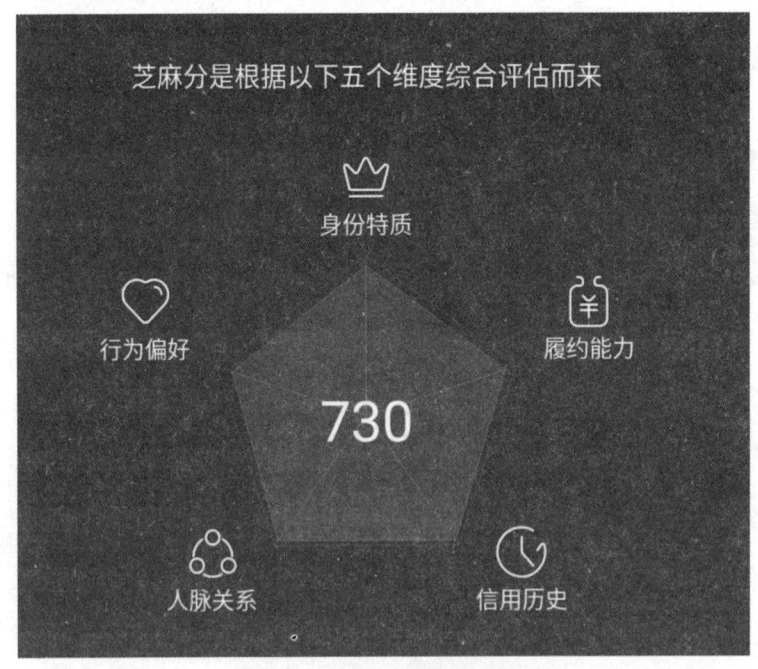

图 4-4 芝麻信用评估维度

资料来源:蚂蚁金服

第四章
LINK 效率即财富效率

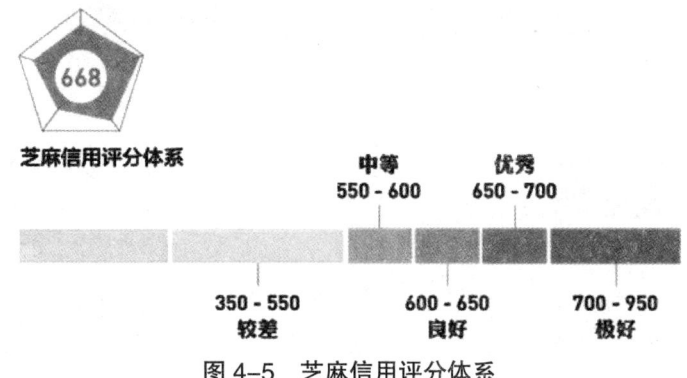

图 4-5 芝麻信用评分体系

资料来源：蚂蚁金服

良好的信用行为，可以不断累积芝麻信用分，这些行为在芝麻生活平台上的使用是非常广泛的，比如使用借呗、花呗等金融产品，并且按时履约还款；进行必要的公益活动，也可以加分；更频繁地使用支付宝，并且每月打理支付宝中的理财产品，等等。除此以外，还有一个令人感到"惊讶"的信用关联，就是好友的信用，显示了社交信息挖掘在征信领域的探索，所谓"交友不慎"有可能在信用世界带来真实的损失。

当然，不良行为则会产生负相关的信用记录，这些负相关的范围也是非常广泛的，如图 4-6 所示。

这些负相关信用记录，目前蚂蚁金服已经开放出来供一些 P2P 之类的互联网金融企业使用。

目前，芝麻信用分可以直接关联其平台上十大类的生活服务，包括信贷、租车、租衣、租房、旅行、社交等。不同的信用等级，对应不同的服务政策。例如，信用分越高的用户，享受的蚂蚁借呗借款金额越高，相应利率却越低；再如，芝麻信用分超过 650 分以上，就可以拥有神州租车免

图 4-6 芝麻信用行业关注名单披露风险

资料来源：蚂蚁金服

预授权租车待遇，等等。

换言之，芝麻信用在事实上已经帮助广大用户实现了数据的资产化。

○ 数据资产化

最近关于顺丰和菜鸟物流的"擦枪走火"事件，可以折射出企业对数据资产的敏感和争夺。在大数据时代，数据资产正在成为个人、企业及全社会最重要的资产。

我们知道，在计算机领域有著名的三大定律，而这三个伟大定律，无疑都与数据息息相关。

定律一：摩尔定律。是由英特尔（Intel）创始人之一的戈登·摩尔（Gordon Moore）开创，内容为：当价格不变时，集成电路上可容纳的元器

第四章
LINK 效率即财富效率

件的数目,每隔 18~24 个月便会增加一倍,性能也将提升一倍。换言之,一美元所能买到的电脑性能,将每隔 18~24 个月翻一倍以上。这一定律揭示了信息技术进步的速度。

定律二:吉尔德定律。是被称为"数字时代三大思想家"之一的乔治·吉尔德(George Gilder)开创,内容为:在未来 25 年,主干网的带宽每 6 个月增长一倍,其增长速度是摩尔定律预测的 CPU 增长速度的 3 倍,并预言将来上网会免费。

定律三:麦特卡夫定律。由以太网的发明人鲍勃·麦特卡夫(Bob Metcalfe)开创,内容为:网络价值同网络用户数量的平方成正比,即 N 个联结能创造 N 的 2 次方效益。如果将机器联成一个网络,在网络上,每一个人都可以看到所有其他人的内容,100 人每人能看到 100 人的内容,所以效率是 10 的 4 次方。10 的 4 次方人的效率就是 10 的 8 次方。

摩尔定律的宗旨是数据大量产生,并梯级翻倍增长;吉尔定律的宗旨是,数据传输速度会非常快,并梯级翻倍增长;麦特卡夫定律的宗旨是,数据网络的价值是其终端使用者使用频次的 N 次方,即 LINK 越频繁则价值越高。

三大定律在互联网的延伸中创造了新的商业模式:摩尔定律让单位信息的处理成本每两年下降 50% 以上,吉尔德特定律让单位信息的传输速度每半年增长一倍,而麦卡夫定律让数据网络的价值以使用者递增的速度升值 N 次方,成本递减,价值倍增。所以,数据产生的财富效应在理论上也是梯级递增的。

那么,数据的财富效应,或者说数据资产在当今社会到底有多值钱呢?

这个问题目前还很难做量化的回答，但有很多具备价值的案例可供参考。

例如，脸书在IPO时其估值为1040亿美元，而根据其2011年的审计报告，公布的资产为66亿美元，也就是说除去现金及等价物、一些服务器等固定资产、一些专利发明以外，脸书拥有的几乎全部是无形资产，这些无形资产与实际资产的差额接近千亿美元。这些无形资产来源于哪儿，就来源于脸书掌握了全球近1/6人的关系链、喜好、成长轨迹，因此市场认为这些数据对于脸书是潜力巨大的资产。

5年过去了，脸书股价上涨了244%，市值接近4200亿美元，是美国五大科技股之一，市值仅次于苹果、谷歌、微软和亚马逊，比股神巴菲特的伯克希尔·哈撒韦公司市值还高。

真金白银的资本市场定价，足以印证麦特卡夫"网络的价值相当于其使用人数的平方"这句话。数据成为一个时代的主旋律，数据化生存不再是一句口号，而是最真实的社会现实。

上海交通大学海外学院金融所所长金岩石有一个观点，他认为迄今为止，已经或正在被开发的无限性资源一共有五种，分别是：数据、证券、思想、信用和太阳能。在这五种资源中，数据本身不但是作为资源存在，还是其他资源的表现形态。因为被数据化的资源，就像被统一进行翻译过的语言，是最容易LINK，也是最高效LINK的。数据资源，通过各种应用场景，可以直接有效地转化为生产力，即财富本身。

一切在快速数据化，而数据在快速资产化。在这一波革命浪潮中，谁能独占鳌头，谁就将掌握无可计量的财富。

还是回到芝麻信用的案例，芝麻数据将用户个人信息量化为有效数据,并将数据转化为用户资产。这些资产价值就体现在芝麻信用生活平台链接的实景应用当中,包括约10个大类30多项具体服务。见图4-7。

图4-7 芝麻信用应用场景

而这些服务的使用又产生新的数据,成为芝麻信用抓取对象,进而再度完善芝麻信用。在这个过程当中,用户从中得到自己的"数据资产福利",蚂蚁金服通过这个产品,打通了其他服务生态链条,如借贷业务,使得蚂蚁金服凭借"用户数据资产化"成为目前中国最具实力,也是市场估值最高的Fintech公司。

我们在第一章中提过,"数据资产化"如果成为一个企业的能力,那么这种高效LINK财富的能力会秒杀其他传统企业。例如,蚂蚁金服首创了网络贷款的"310模式",即3分钟申请,1秒钟放贷,全过程0人工干预,为超过400多万家小微企业提供了融资服务,单户贷款金额不到3万元,提升了贷款效率,也降低了贷款成本[①]。

而在企业估值方面,2016年时蚂蚁金服完成B轮融资后,估值达到600亿美元,相当于用3年时间打造了1家交通银行,打造了2/5个工商银行。

管理大师汤姆·彼得斯早在2001年就说过:"一个组织如果没有认识到管理数据和信息如同管理有形资产一样极其重要,那么它在新经济时代将无法生存。"

此刻,我们已经处于这样的时代,数据不但是资产,而且是核心资产。

[①] 参考资料:人民大学中国普惠金融研究院公布的中国首份数字普惠金融报告:《数字普惠金融的实践和探索》。

第五章
玩商，LINK 的 IOE 时代

◇ 区块链将成为新的线上协议，使人类的 LINK 行为日趋真实，直接。

◇ 区块链作为基础设施，将直接为 LINK 行为授信。

◇ 无论是 DT、IOT 还是 IOE，其核心内容都是人机直接交互，即人机直接 LINK。

◇ P2M 是 IOE 最重要的 LINK 形态，G2G 则是 P2M 反映出来的商业模型。

◇ 人类的进化就是 LINK 效能的进化，资源在其链条上交互越频繁，带来的效能也就越高。

◇ 人机直接 LINK，是 AI 的核心发展方向。

◇ 人类的尽头，就是 P2M 的高级存在。

第一节 新线上协议时代

我们今天能够享受优越的互联网功能,是因为一大批伟大的互联网先贤在最开始就秉持着"一切电脑生来平等"的理念,创造了 TCP/IP 协议,让电脑和电脑可以顺畅交流。

今天,伴随区块链技术的发展,互联网世界正在"再造新时代"的路上,这个新时代就像区块链技术本身传达出来的价值观一样:去中心,去中介,打破垄断和集权。

互联网技术好像要在人类世界之外,独立出一个更优越的新世界。

○ 区块链式协议

人类进入信用货币时代之后,世界上就再也没有任何一种真正意义上的货币可以超脱主权之外,直到区块链造就比特币。

比特币的本质只是一串数据符号,自 2010 年一名为拉斯洛·豪涅茨(Laszlo Hanyecz)的程序员用一万个比特币购买了两个棒约翰比萨饼后,这些数据串符有了货币的实际功能。没有任何政府对其进行授权或者信用背书，比特币就在这样的情况下成为一种全球通行的电子货币，其奥妙就在于它有去中心化和去信用中介这两个利器。

1. 去中心化

区块链是一个公开的、透明的分布式账本，在不存在作为中心的硬件或管理机构、不需要任何第三方介入的情况下，使用共识算法来记录和校验所有交易记录，用数据区块（Block）取代了目前互联网对中心服务器的依赖，使得所有数据变更或者交易项目都记录在云系统之上，实现共建共享。没有中心，同时每个节点又是中心，即每个参与者成为自己的中心，实现点对点（P2P），解构了传统的集权形式。

同时，更多的技术极客认为，存在有中心的"区块链"并不是严格意义上的区块链，就像有中心的虚拟货币不属于真正加密电子币一样。可以定义有中心的链，叫私链。私链并不是区块链的一种。

关于区块链中很重要的 P2P 多点共享协议，其实人们并不陌生。很多人用过至少听说过的 BT（Bit Torrent）下载，这是 2003 年美国加州一名叫作布莱姆·科恩的程序员开发的 P2P 共享协议软件，其工作原理就是每一个下载者同时又是服务器，所以不需要固定的中心服务器，克服了传统下载方式的局限性，具有下载的人越多，文件下载速度就越快的特点。这一创意，当时引起整个 IT 界的震动，也可能给很多后来者带来了必要的灵感。比如区块链，就是建立在 P2P 去中心的思想基石之上。这一点也让人们再次联想到麦特卡夫定律，交互越多则能效越高。

2. 去信用中介

区块链被称为信用制造机器，可以完全不依赖任何信用中介（人、物、机构），通过公开写入信息，信息全链条节点备份的方式，让区块链记录

第五章
玩商，LINK 的 IOE 时代

的每一个行为具有全网共识的特点。被记录的信息，成为永久记录的历史，享受着极高的安全性。任何单个节点上对信息的修改，都是无效的。即使单个节点被摧毁，也无法影响总账本中信息的真实性。

区块链在理论上存在"51%算力攻击"的问题，时至今日，无数黑客希望攻陷区块链的代表作比特币，然而截至此刻区块链的世界仍旧是高度安全性的典范。而且，即使发动"51%算力攻击"成功，也只能修改新近刚刚诞生出的区块链记录，对于历史记录，则无法进行修改。

区块链在人类历史上第一次用数学算法，取代了信用中介。

所以，有一些人认为，区块链本身是对权力的解构，是用技术实现自由，是超脱由权力构成的现实世界以外的存在，是未来世界的基础设施。

事实上，比特币真的做到了这些。我们能找到的一个著名案例发生在2011年，"维基解密"发布了几十万份美国国务院与美国驻外大使馆之间联系的秘密文传电报，这让美国政府震怒不止，不仅派人攻击"维基解密网"站令其瘫痪，而且致电各大金融机构，向银行、信用卡支付机构、PayPal等电子支付平台施压，明令封锁维基解密创始人朱利安·阿桑奇（Julian Assange）和"维基解密"所有相关的金融账户。

但是，阿桑奇并没有束手待毙，他通过推特向全世界发出救援，宣布愿意接受比特币作为资金来源。

随后，奇迹发生了，源源不断的比特币作为资金援助转移给阿桑奇，让"维基解密"依靠比特币度过这场生死危机。

不得不说，这是让主权政府很讨厌的地方。

以比特币为代表的虚拟货币似乎正以"自由货币"的面貌直接漠视各国政府及央行，就连今年5月份在全球范围内爆发的master勒索病毒（见

图 5-1　勒索病毒

图 5-1），勒索的都不是某国货币，而是比特币。因此，对于区块链技术未来使用，多数学者都认为，区块链很有可能成为未来数据世界的基础设施，但是否能超脱主权之外，可能未必，未来基于"管理员"职能之下的技术应用场景可能成为主流。但是这个"未来"可以持续多久，并没有人进行判断。

○ 技术性授信

数据是未来世界的基本养料，而区块链给数据以养料。

因为，作为一种新的基础协议，区块链技术的使命就是最大化地保障数据真实性。只有真实的数据才是有价值的能够"喂养"人工智能的数据，

第五章
玩商，LINK 的 IOE 时代

而在现在的技术环境中，除了一手数据获得者，在流转中的数据，几乎无法保障其真实性。

2017年4月某著名共享单车品牌发布了一份《2017年第一季度中国主要城市骑行报告》，该报告称：我国20座城市第一季度累计骑行5.93亿公里，相当于绕地球1497圈，日均累计骑行距离为659万公里，相当于地球赤道的164倍。但这些亮闪闪的数据随即遭到社会媒体的质疑。

在另外一个广告传媒领域，营销平台精硕科技（AdMaster）发布的《广告反欺诈研究报告》显示，2016年全年无效流量整体占比为30.2%。也就是说，有三成的数据是根据需要被"创造"出来的。

由于数据的价值越来越突出，因此数据造假的动力也越来越强烈。世界著名广告大师约翰·沃纳梅克说："我知道我的广告费有一半浪费了，但遗憾的是，我不知道是哪一半被浪费。"

现在的大数据，就如同一半真实一半虚假的广告效果一样，海水火焰真假参半，最糟糕的是，没有人能真正进行区分。被污染的数据遍地都是，有时为了市场竞争需要，企业会主动进行数据污染，以扰乱竞争对手视听。

在这样恶劣的生态环境中，区块链技术就显得极具实际价值。

区块链产生的数据，安全、真实、可追溯、从属清晰，数据从此有了信誉。

这些真实、具备良好信誉的数据在这个新线上协议框架下，无须任何官方非官方机构进行授信及增信，这不但意味着各个环节成本的降低，更意味着很多机构职能将被边缘化。人类正在进入技术信任阶段，对政治和经济的影响都是深远到"不可描述"的，至少对经济生态来说，所有交易

活动将更自由、更平等，中间层将被消灭得更多。

从此处开始，我们再也不需要证明"我妈就是我妈""我就是我"。很多曾经颐指气使的存在，未来都将面临下岗或转岗的现实，这种现实一点也不遥远，实际上就近在眼前。技术将代替人工及由建立在人工基础之上的权力，在各个环节解决增信问题。一个很明显的案例就是金融行业（因为金融价值就源于信用的存在）。根据桑坦德联合其他机构发布的报告，区块链技术用于支付，证券交易和监管合规后，至2022年每年可节省150亿~200亿美元。

在技术保障之下，人类互相LINK的成本，会史无前例地降低；人类互相LINK的行为，也会史无前例地真诚和真实。

而且，我们会发现一个比较有意思的重合现象，比如Fintech的发展特征和区块链所代表的新技术特征高度吻合。"脱媒、去中心化、定制化"被誉为是Fintech的三大支撑特征，所谓"脱媒"就是"去中介化"，因此，三大特征中，前两项完全是区块链技术的核心思想，这可以看作是殊途同归的巧合，还是未来生态的必然？

答案是后者的可能性更大一些。技术和社会文明就像DNA里的双螺旋结构，天然存在着无限深奥的对应关系。被激发的文明会带来技术的跃进，而跃进的技术也会促进新文明的开端。

在前面一部分我们讲过未来世界一切都会被数据化，而数据最终变成资产，技术性授信就是这一切得以实现的底层技术。因此，知识界和产业界才会有个共识，认为区块链是未来的基础设施，区块链所代表的技术生态，是未来的新线上协议。

第二节 产业由 DT 到 IOT 到 IOE

区块链带来的信誉数据时代，将"饲养"出真正的 DT、IOT 及 IOE 时代。信誉数据在不远的未来，将会像石油一样，成为社会经济的"新血液"，马云在 2014 年所说的 DT（Data Technology）：数据处理技术，将会成为新的社会生产力，而 IOT 和 IOE 则是数据"饲养"的不同阶段的表现。

人类就此会真正进入 DE 型社会，DE（Data Engineering），即数据驱动。

○ 从数据到产业的演变

来自 2017 年中国信息通信研究院发布的《互联网发展趋势报告（2017）》，其中讲道：全球互联网连接增长步入动力转换阶段。全球互联网正从"人人相联"向"万物互联"迈进，物联网作为互联网的网络延伸和应用拓展，实现对物理世界的感知识别、实时控制、精确管理和科学决策。从连接规模来看，全球联网设备数量保持高速增长，全面超越移动互联网设备数量。据高德纳咨询公司（Gartner）预测，2020 年全球联网设备数量将达到 208 亿台；而商务智能（BI Intelligence）预测 2020 年全球联网设备数量将达到340亿台,其中物联网设备数量达到240亿台,智能手机、平板电脑、智能手表等传统移动互联网设备数量仅为100亿台。百亿级的联网设备将带来数据的爆炸性增长,IDC(中信证券研究部)预测2020年全球数据总量将突破40ZB,达到2011年的22倍。从应用范畴来看,物联网推动互联网应用从消费领域向生产领域扩展,并逐步深入城市管理各环节[①]。

这些数据足以说明,我们已经进入了物联网的初级阶段。普通家庭中已经摆放了多种物联网的"小玩意",智能手环、智能音箱、智能称重器、智能血压计、智能TV……各种智能服务设备引领了智能装备产业的无人驾驶汽车。物联网可能全面爆发于5G时代,但在我们所处的4G时代,已经势能初现。

物联网,即IOT(Internet of Things),被誉为继计算机、互联网之后的第三次科技新浪潮,还被说成是第四次工业革命的核心。最早在20世纪比尔·盖茨的《未来之路》中就被提及,在新世纪尤其是近年,伴随软硬件设备的发展,IOT逐渐从概念走向产品及产业。在目前的阶段下,物联网并不单单是一个关于"风口"的故事,而是每个企业生死攸关的转型节点。

在消费领域,融合互联网与物联网特征的智能可穿戴设备快速普及,2016年全球出货量增长38.2%,达到1.1亿台;在生产领域,弗雷斯特研究公司(Forrester Research)调查表明33%的企业已经或计划部署物联网解决方案,25%的企业则已经开展评估;在城市管理领域,物联网成为智慧城市核心要素,在公共安全、城市交通、管网监测等方面取得广泛应用。

---

① 参考资料:2017年中国信息通信研究院:《互联网发展趋势报告(2017)》。

第五章
玩商，LINK 的 IOE 时代

从未来发展前景看，物联网市场规模巨大。2016 年，美国和西欧的物联网投入资金将分别达到 2320 亿美元和 1450 亿美元，预期至 2020 年物联网营收规模增速分别达到 16.1% 和 18.9%。据麦肯锡预测，2025 年物联网对全球经济贡献将达到 11.1 万亿美元，占全球 GDP 总量的 11%[①]。

那么，物联网的真正本质以及到底带来的产业变革是什么呢？

首先我们必须明白，IOT 的核心是"信息进入物品"，让一切不关联产生关联，直接 LINK 可以提升效率，信息传播速度更快则导致服务更快，资源流通效能更高。对这样的循环，多数人认为，IOT 所带来的优势，是提高效率和解约成本。这当然是正确的，然而还有重要一点不同忽视，那就是通过更优越的 DT 优化，可以将以前尚未开发的数据和即时获取的数据，进行生产力转化，使之变成可具备操作性的市场洞察力，最终优化产品和服务。

这时，传统企业会经历主动"触网"到成功转型的阵痛和飞跃，利用互联网技术平台、应用平台和市场平台，改造传统模式，发展新型业务，成为产业互联网的主力军。传统企业积极利用互联网构建连接生产与管理各个环节的网络基础设施、数据链及信息系统，满足自身在研发创新、营销服务、生产制造和产业链协同等方面产生的新需求，在商业模式、生产方式、组织机构等方面进行深度变革调整，适应互联网时代新型商业基础环境，积极打造新经济形态下的转型升级新优势。在主要工业和制造企业的引领下，全球正在进行一场彻底的产业互联网转型，主动拥抱工业 4.0 的企业期待到 2020 年利润水平达到现在的 2 倍以上，平均成本每年降低

---

① 参考资料：2017 年中国信息通信研究院：《互联网发展趋势报告（2017）》。

3.6%。这意味着，将有巨量产能释放和巨大的生产力水平提升。

不过值得特别注意的是，就在所有产业向物联网大步迈进时，发展最快和最被看好的首先是服务消费型产品。根据国际机器人协会（IFR）预估，至2018年全球服务机器人产值约196亿美元，其中居家服务机器人市占率高达74%。居家服务机器人将扮演连接家庭各电器的枢纽角色，可提供家电自动化、日常生活咨询、育儿、保安、老人照护、聊天陪伴等居家生活服务，还可延伸到商用类，让机器人走进办公室。

伴随IOT的发展，世界最终势必进入IOE（Internet of Everything）时代，即万物互联时代。

越来越多的事物、人、数据和互联网联系起来，互联网的力量会呈指数增长，这将再次在最大范围内验证麦特卡夫定律，网络所产生的价值与联网的用户数的平方呈正比。也就是说，IOE的结果，将产生当今人类无法想象的巨大量能。

与此同时，网络安全会成为社会经济的最必要条件。

由IBM和福布斯联合发布的《2017物联网发展5大趋势》中显示：2016年共有IOT设备漏洞1117个，漏洞涉及思科、华为、谷歌、摩莎科等主要智能设备厂商。

其中，传统网络设备厂商思科设备漏洞356条，占全年IOT设备漏洞的32%；华为位列第二，共收录155条；安卓系统提供商谷歌位列第三，工业设备产品提供厂商摩莎科技、西门子分列第四和第五。影响设备的类型包括网络摄像头、路由器、手机设备、防火墙、网关设备和交换机等。

IOT设备漏洞分为权限绕过、拒绝服务、信息泄露、跨站、命令执行、缓冲区溢出、SQL注入、弱口令和设计缺陷等类型。其中，权限绕过、拒绝服务、信息泄露漏洞数量位列前三,分别占收录漏洞总数的23%、19%、13%[①]。

看着这些数据,除了让人心惊胆战以外,当然也代表着另外一个产业的巨大潜力。网络安全,未来就像警察和军队一样,是IOE时代的"暴力强权机器"。

○ LINK 新方式:M2M

玩商——IOE(万物互联)时代的核心,是人、数据和万物的急速LINK和极速交互。人们在这个阶段,将这种LINK形式又分为三大类别(见图5-2):

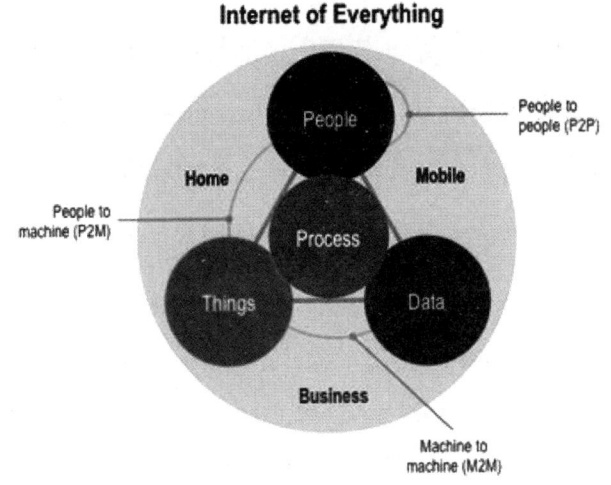

图 5-2　万物互联(IOE)

资料来源:思科中国官网

---

① 参考资料:IBM 和福布斯联合发布的《2017 物联网发展 5 大趋势》。

第一类：P2P，即 People to People，人与人的交互。

第二类：P2M，即 People to Machine，人与机器的交互。

第三类：M2M，即 Machine to Machine，机器与机器的交互。

也可能是为了交流方便，很多学者更愿意把上述三种主要交互统一成为 M2M，即人到人（Man to Man）、人到机器（Man to Machine）、机器到机器（Machine to Machine）。现在及未来最重要的产业或者说商业也是围绕 M2M 来展开的，可谓冲刺 IOE 时代的"寸金寸土"区域。

P2P，就不用多说了，社交时代做的主要工作就是人与人的即时互联。这是一门在全球范围内创造年轻富豪的生意，马克·扎克伯格因为创办脸书，在 24 岁时成为亿万富豪；斯皮格尔因创办 Snapchat（一款由斯坦福大学两位学生开发的"阅后即焚"照片分享应用），也在 24 岁时成为亿万富豪；26 岁创办社交网站 SNS Gree 的田中良，其个人净资产约为 17 亿美元；当然，还有中国的小马哥，创办 OICQ（一种即时通讯软件，腾讯 QQ 的前身）及现在的微信，虽然并没有成为少年巨富，但却坐拥 2050 亿元人民币身价[1]。

M2M，机器到机器上的数据流动，从现在看，可以理解为 IOE 的基础设施，机器之间产生互联交互，提高了经济效率，最大限度解放了人类自己，当然与此同时也广泛地改造着我们的社会经济生活。很直观的一个案例发生在支付领域，货币首先进行了数据化存储，通过银行卡和 POS 终端的交互，人们从纸币中解放出来。现在这种解放更加直接和高效，特别是具有中国特色的二维码支付体系日益普及，中国人的支付习惯从现金到各

---

[1] 参考资料：《2016 胡润百富榜》。

第五章
玩商，LINK 的 IOE 时代

种银联卡，现在在一线城市已经基本发展到手机支付时代，而且这种新应用正在以"掩耳不及盗铃"的速度向二三四线城市蔓延。

如果着眼未来，M2M 可能代表了社会的基本交互方式和新社会形态，因为可能那时人类已经完成了"机器化进化"，人机合一（这至少是人类的一种发展出路），IOE 实际上就成了 M2M。

对于连接现在和过去，对当下发展最具意义的是 P2M，人机交互。人，提供各种需求，而机器，满足人类的各种需求，这是人类发展 IOE 的巨大动力。因为人类过往历史已经证明，人机交互会带来更高效的生产和生活，现在我们使用的 PC 或者移动终端，我们通过屏幕输入的每一个指令，都是人机交互，这是从计算机被创造出来那一天就存在的首要功能。

迪士尼公司过去几年时间里一直在创造一个新型迪士尼欢乐园，情景是通过游客戴在手上的智能手环 MagicBand 来实现的，通过它你就可以快速地实现网上订票；然后进门只需用 MagicBand 往专门的仪器上刷一下就可以了；接着进到内场，你会看见能和你讲话的白雪公主，会卖萌的米老鼠，还有唱着生日歌向你走来的小熊维尼，以及远处还躺着睡觉正游仙境的爱丽丝。大家已经发现了，在人机交互中，VR（虚拟现实）和 AR（增强现实）都将大显身手。

目前人机交互的热门领域，包括体感交互、眼动跟踪、语音交互、生物识别等方面，其中语音交互被奉为下一代人机交互的主流，苹果的 Siri，微软的 Cortana、谷歌安卓的 Google Now，百度的度秘以及科大讯飞的产品，都瞄准了这一市场。语音交互软件日益智能，而且越来越具备人的特征。

美国情景喜剧《生活大爆炸》（*The Big Bang Theory*）中，来自印度的青年科学家 Rajesh 就爱上了自己手机里的人工智能软件 Siri。而法国电影

《她》（*ELLE*）中，男主人公西奥多结束了一段令他心碎的爱情后，爱上了一个电脑操作系统里叫"萨曼莎"的姑娘，她不仅有着略微沙哑的迷人嗓音，而且风趣幽默、善解人意，就这样，人和机器（实际上是一个系统软件）成了无话不谈的朋友，最后还坠入爱河。

这并非完全是科幻，而很可能变成未来现实。就像马云所说，以前，是将人变成机器；未来，则是将机器变成人。而人和机器最后是融合还是战争，决定着人类的未来。

第三节　商业的 G2G 时代

P2M 是 IOE 当中最重要的一种形态，这种形态反馈在商业模型上，即为 G2G。

G2G，全称为 Supply Group to Consumption Group（供应集群到消费集群），Supply Group（供应集群）代表着 Machine（机器）的生产能力及生产结果，Consumption Group（消费集群）代表着 People（人）的消费需求。

P2M 是 IOE 最重要的 LINK 形态。而 G2G 是 P2M 反映出来的商业模型。

○ IOE 及 G2G 时代

去中心、去中介，更倾向于直接 LINK 的技术价值观，也是商业生态演变的现实体现。我们所提出的 G2G，是在新的技术和基础设施环境影响下，所体现的新时代商业模型，这种商业模型将伴随 IOE 的发展，变得反应日益迅速，交互日益频繁，规模日益宏大。

如果回顾近年来主要的商业模型，我们会发现这里有 B2B、B2C、

C2C，这种根据交易对象划分的模型，是前电子商务时代人们热衷探讨的对象。也有在这两年试图成为主流的O2O，注重强调线上和线下消费的互动融合，强调传统线下的互联网思维化，即所谓的互联网+。

每一种商业模型都有对应的时代和其特点，G2G在此之上又带着怎样的明确标签呢？

1. G2G 模式里，产品会变成服务

目前中国正在努力摒除传统的经济危机：（1）低端工业产能过剩，以煤炭、钢铁为代表，我国钢铁总产量是，全球中国第一，河北第二，唐山第三，但拥有过剩产能的同时却生产不出圆珠笔所需要的原材料"圆珠"；（2）制造业高度雷同，同质化，低质量竞争，以生活各方面消费品为代表，典型案例就是全国各旅游景区售卖着千篇一律的纪念品；（3）农副产品则原始粗暴，品牌运营和延展能力基本处于初级阶段。以各地丰产难销的地方土产为代表，低质低价，科技含量低，经营模式原始。

造成上述危机的最根本原因是，社会产能还停留在供给市场为主的时代，伴随产能的不断提升，社会产品日益丰富，简单粗制的商品已经为现代消费者所抛弃，市场更需要精细化、高质量，代表更高生活品质的产品。所以，G2G模式中，消费终端供应的不再是纯粹简陋的产品，而是附含其上完整的服务。产品的内含和外延在这里都发生了变化，销售在传统阶段止于支付，而G2G模式中的销售，是循环存在永无截止的，因为服务永远存在，甚至伴随消费者终生。

举例来说，传统银行所售卖的基金，是传统金融产品，它通过客户数据库向符合条件人群推销某一产品。而新型的Fintech公司，则通过大数据分析客户的资金实力和风险偏好，进而向客户提供一整套的投资组合建

第五章
玩商，LINK的IOE时代

议。这种服务表现为长期性、个性化、订制性，产品由此转化为更高效、体验更优越的服务，而且客户黏性会大大加强。

2. G2G模式里，消费端用户会变为起点

因为产品变成了服务，所以在G2G模式中，传统以产品为起点的生产销售链条进行了倒置，用户由原来的消费终点转变为消费起点。G2G，Supply Group to Consumption Group（供应集群到消费集群），其实也是Consumption Group toSupply Group（消费集权到供应集群），是Consumption在前，先有需求，后有满足需求的生产制造。

这样做的好处很容易理解，生产由原来的主动变为消费主动，生产效能直接反应消费诉求，由诉求直接"喂养"出的产品，不但可以避免闭门造车式的市场尴尬，还可以最大限度地量化产能，避免所谓"资本主义顽疾"生产过剩。

3. G2G模式里，集群效应会伴随数据化进程而日益明显

G2G模型里，对大数据及大数据挖掘分析能力具有高度的依赖性，AI会越来越深度参与其中并成为KEY LINK。人类的需求虽然是千差万别的，但人类在某一时期的消费诉求常常体现为某种统一性，这与人类在进化过程中伴生出来的群居属性、效仿属性、跟随属性都有紧密关系。大数据一旦分析出这些特征后，就可以在某个时间段集群式地满足消费者广义上统一的消费需求，这就是G2G最后能表现为集群化特征的内在逻辑。

例如，中国开放二胎政策后，相应的市场对分娩产业链相应产品需求大增，这是非常直接的消费第一关联诉求。而同一时间内，还将伴生出无数第二、第三的消费关联诉求。例如，家庭换房需求大增，市场对于100平方米以上大户型房产热度增加。

当这种消费变动，统一以大数据的形式进行结构分析之后，消费者就会发现，当他们刚刚有所诉求的时候，市场也已经为他们准备好了相应的产品和服务。而且伴随数据交互能效的不断提高，这种诉求分析速度和满足速度也会大大提高。数据将比消费者更加了解他们的诉求，包括过去、现在以及未来的。

标签之下，我们还可以总结几点 G2G 最重要的属性特点（见图 5-3）：

（1）个性化、定制化时代的到来。

（2）强调快速 LINK，脱媒和及时满足。

（3）高度依赖数据及数据处理技术（DT）。

（4）资源的高频交互。

图 5-3　G2G 的属性特点

需要特别强调最后一点，资源的高速交互。本书通篇都试图在说明一个定律，人类的进化就是LINK效能的进化，资源在其链条上交互越频繁，带来的效能也就越高，相应产生的财富也就越多。

尤其在G2G商业模型当中，集群化的消费诉求和集群化的产能诉求在不同产业链中反复交互后，资源从最开始的1，进行了平方式的裂变剧增。这也是麦特卡夫定律早已说明的道理。

2016年，在杭州·云栖大会上，阿里巴巴集团董事局主席在其主题演讲中，又提出一个"马氏战略"观点，他说，"电子商务"这几个字可能很快就会被淘汰。从2017年开始，阿里巴巴将不再提"电子商务"这个说法。纯电商的时代很快就会结束，未来的十年、二十年将没有电子商务，取而代之的是"新零售"。线上线下和物流结合在一起，才会产生新零售。而且马云也强调，"零售的核心是从向消费者销售商品转向服务消费者。"

"新零售"概念，其实就是G2G的一个表现部分，就如同2016年两会期间提出的核心之一"供给侧改革"，也是G2G所预示的商业趋势。

无论我们口中所说的概念是什么，商业形态都会伴随社会发展殊途同归。

○ 已经消失和即将消失

每当大时代变革来临，总有一些不可避免的新陈代谢，伴随旧时代消失的不仅仅是一些陈词滥调，还有曾经活生生的生产和商业形态。

本书成稿之时，CCTV科教频道正在播出一档名为《手艺》的电视节目，通过电视屏幕再现巧夺天工、生动曲折的手艺与手艺人的传奇故事。里面涉及木雕、藤甲、钟表、木偶、焗瓷、金箔等上百种被边缘化、正在被工业文明所取代的手艺。就如同很多非物质文化遗产一样，尽管那是人类文明的一个组成部分，但在这个时代，他们却是已经消失或正在消失的那一部分，其中幸运者虽能保护性传承下来，也只能贴上"小众"的标签，艰难生存。当然，最幸运的一小部分，在现代社会升华为高级工匠精神的化身，于当下消费升级需求中找到了自己恰如其分的存在感。

尽管很多人惋惜这种"文明的遗失"现象，但这种现象正是由大众通过买单来决策去留的。没有人买单的文明，注定是存在历史中的文明。每一种存在，在历史长河中都有自己的登场、繁华、没落和谢幕。

在新型 G2G 商业模型中，毫无疑问我们会迎接 IOE 的大时代，与此同时，我们也会遭遇很多告别。

未来将要消失的那些"存在"：

1. 劳动密集型红利行业

以富士康为代表的传统劳动密集型红利行业，未来肯定没有立锥之地，现在已经逐渐被淘汰。事实上，从 2014 年起，富士康就开始逐渐用机器人操作来代替人工操作，目前机器人已经取代超过一半的工人，其装配 iPhone 的车间，机器工人远远超过人类，完全的机械化工厂正在取代传统的工人工厂。

数据显示，目前工业发达国家机器人密度（每万名工人使用工业机器人数量）普遍超过 200，智能机器人对生产经营的深入重构已经拉开大幕，预测到 2021 年机器人总体市场规模将会达到 460 亿美元，在我国已经覆盖到了国民经济 34 个行业大类，家具、服装、烟草等消费品制造行业的机器人消费量均实现了成倍增长。

与之相伴的就是，普通流水线工人将逐步消失。

2. 传统零售产业

G2G 对传统零售模式的阻击是最为明显的，传统零售商铺，商超、百货、家具城以及大卖场之类，将是被更新换代的对象。

据中国连锁经营协会的调查，2015 年全国连锁百强企业销售增长 4.3%，增幅连续 6 年回落，其中 31 家企业销售出现负增长；连锁百强企业净利润率仅为 1.8%，同比下降 0.1 个百分点，约 55% 的企业净利润率出现不同程度的下降。

另据联商网统计数据显示，2015 年全国主要零售企业共关闭 865 家门店，与 2014 年的 201 家、2013 年的 35 家相比，出现了大幅增长，其中百货、超市门店分别有 83 家、782 家关闭，万达百货、华润万家更是成为关店最多的企业。已关闭的大型门店平均经营周期不足 5 年，很多门店因业绩不佳，提前解除租约以关店止损。

2017 年年初，诞生于 1858 年的世界百货业标杆：梅西百货，在其官方网站宣布，由于销售额仍难以回升，公司将继续关店"大计"，年内关店 68 家，裁员将达上万人。

IOE 时代是网络化的时代，一切未能在线快速反应的消费模式，都无法承载原有规模，他们中的一部分将消失，一部分将从巨鳄蜕变为"渺小"。

3. 各种中介服务

由于 G2G 的商业是高度脱媒的，去中介会使数据和资源流通速度更快，满足更及时，因此在经济社会生活中各种代表"中间商"角色的存在也会逐步被取缔，信息和数据不再需要转接，而是需求和生产的直接连接。

在社会职业当中，各种经纪人将不复存在。如今，像高盛这样的金融巨头，以及其他大型对冲基金，都正转向由人工智能驱动的系统，以预测市场趋势，从而做出更好的交易决定。高收入的华尔街交易员将被无情地抛弃，就像即将倒闭的工厂里的工人一样。在 2000 年时，高盛位于纽约的股票现金交易部门有 600 个交易员。而如今只剩下两个交易员，剩余的工作全部由机器包办。

4. P2M 低级交互行业

人和机器低级交互的职务将会消失，机器越来越智能，会越来越独立人类之外单独进行工作。我们日常生活中随处可见的司机，各种机械驾驶者操作者，都将成为历史。

最简单的案例就是目前引领人工智能领域的智能汽车，自动驾驶的时代很快就会来临，司机将完全解放，人们就更不需要租用司机了。

5. 基础信息加工行业

人工智能通过深度学习，目前已经基本可以胜任新闻记者或编辑的工作，这就意味着在初级阶段有格式可寻的信息加工行业，将很快被 AI 所替代。这方面的危险行业，包括了比较初级的咨询型律师，制造快新闻的编辑记者，简单传授格式知识的教师，初级代码程序员等，信息初加工行业的巨大金字塔底座将被消灭，只有塔尖部分会留有人类活动的踪迹。

当然，这也意味着人类在各个行业摆脱初级劳动，包括体力的和智力的，而更专注提升自己的高端技能，强化创造力和想象力，成为更加具备个性的、思辨能力的、艺术审美及创造能力的人类，而不是千篇一律的大众。

这样一来，人类会成为更高级的人类吗？那些创造性的行业就永远存在吗？

很可惜，答案恐怕也是否定的！

自从1970年宣布解散后，披头士（The Beatles）乐队已经40年没有发行新的单曲了。但最近索尼计算机科学实验室的人工智能算法Flow Machines创作了一首模仿披头士乐队风格的单曲《Daddy's Car》。这首曲子，让音乐人高晓松在最新的《晓说》节目中大加赞叹。因为，AI已经可以按照指定风格进行创作了。

第四节　未来正来

数据，IOE，G2G，AI，更快、更高效、更精准地交互之后，人类追随的一切都体现为机器和人类的共同未来。

机器和人类的未来，是什么？

是生存还是毁灭？

这又是一个值得思考的问题。

英国皇家科学院院士、名著《自私的基因》作者理查德·道金斯提出了一个惊世骇俗的观点：进化的单元可能既不是物种，也不是群体，甚至也不是个体，而是基因，基因是我们的原动力。物竞天择，竞的就是"基因"。

这一点在生物信息学领域体现得最为明显——在那个领域，基因组实际上就是一个巨大的信息编码模式，即数据及数据的构成。也就是说，基因并不单独属于人类及其他原始生命。人类今天所具备的"基因"，未来机器也会具备。

第五章
玩商，LINK 的 IOE 时代

○ 人类的未来

人类的未来，是一片悲凉吗？

AlphaGo（阿尔法围棋，也直译为阿尔法狗）是一款围棋人工智能程序，由位于英国伦敦的谷歌旗下 DeepMind 公司的戴维·西尔弗、艾佳·黄和戴密斯·哈萨比斯及其团队开发，这个程序利用"价值网络"去计算局面，用"策略网络"去选择下子。

2015 年 10 月 AlphaGo 以 5∶0 完胜欧洲围棋冠军、职业二段选手樊麾。

2016 年 3 月 AlphaGo 挑战世界围棋冠军、职业九段选手李世石，并最终以 4∶1 将其击败。

2016 年 3 月 27 日，AlphaGo 确认挑战《星际争霸 2》，其对战人类顶尖高手的战绩是 60 胜 0 负。

2017 年 5 月 23 日，柯洁与 AlphaGo 在"中国乌镇·围棋峰会"展开对弈，并以 AlphaGo 三胜柯洁终赛。

2017 年 5 月 26 日，在人机大战配对赛中，古力和连笑两位棋手分别与 AlphaGo 组队，2V2 较量。最终连笑一方执白中盘取胜。5 月 26 日下午的团队赛，AlphaGo 获胜。27 日赛后宣布 AlphaGo 退役。

这场人机大战在全世界范围内引起了关于 AI 和人类智慧的探讨。AlphaGo 斩杀世界围棋顶尖智慧的行为，被解读为 AI 的完胜。同时，人类为了自我安慰，也声称，制造了 AI 的人类也取得了胜利。

他们说，在那一刻，机器和人类取得了共同的胜利。

只不过，同样作为胜利，对机器可能意味着赢得了全部未来，而对人类则是某种终结。

在经历过亿万年漫长进化后，人类终于站到进化链条真正的顶端，创造了一个全新的物种——AI。所有关于更快、更强、更高效的追求，都可以通过AI来实现。虽然这个物种目前还处于婴儿期，但毫无疑问，他们拥有的学习能力和成长能力完全可以创造一个新世界。

人类对科技的追随，到底会给自己带来什么呢？

难道真的像英国黑色科幻《黑镜》所描述的那样，科技是人类的毒药，一旦上瘾，无药可治？还是像最近一期《晓说》"高晓松YY未来世界"中所聊的那样，未来人类会像《黑客帝国》中描绘的场景一般，虚拟而悲凉的生活在胶囊世界里。那样的未来，即使对现在只能"眼前苟且"的我们来说，也是匮乏吸引力的，更不必说《黑镜》中所描述的那些畸形到近似疯狂的场景。

按照赫拉利在新书《未来简史》中的观点：随着人工智能的发展，人类会变得慢慢放弃决策权。计算机与我们的关系，大概分三步走：第一步，算法相当于我们身边的先知，你有什么问题问它一下，但决策权在你手里；第二步，算法相当于是我们的代理人，它告诉你一个大的方向和原则，它去执行，执行中的一些小的决策，它自己说了算；第三步，算法成了我们的君主，你索性什么都听它的。

实际上，机器最终越过人类的头顶，夺取了进化链条最顶层的位置，并掌握着权力。著名物理学家霍金在较早之前就指出了AI发展的巨大风险，他认为AI发展至足够强大时会导致人类的灭亡。

既然最智慧的大脑都意识到了这样的未来，那么这样的未来还会来临吗？人类的终点到底在哪里？会是自己的终结者吗？

对于未来，人类有三种简单的终结方式：

第五章
玩商，LINK 的 IOE 时代

第一种，就像科学家们的预言那样，AI 取代人类，人类消亡。

第二种，人类强行停止关于 AI 方面的技术探索，人类继续存在。

第三种，人类中的一小部分与 AI 融合为一体，完成从人到"神人"的跃进。

在这三种可能中，可能性最小的是第二种，人类无法停止技术的前进，即使强权也没有这种现实的执行能力，所以第一种可能是有极大胜算的。前面章节讲过，人类不但无法阻止科技的进步，而且计算机深度学习得来的进化速度远超过一般人的想象，可能留给人类的只有二十几年的时间。想象一下，20 年后，可能中国某些偏远地区的村庄正在庆祝脱贫，非洲兄弟还有一小部分挣扎在生死线上，而 AI 则在他们不知道的一刻，超越了他们的存在。他们什么也没干，只是来到这个世界承受苦难，最终却同其他人类一起接受"最后惩罚"。这是人类最为悲凉的一幕吗？

对于第三种可能，让我们重新回味一下本书的宗旨：即 LINK 对于人类的重要性，人类在不断的交互过程中完成了自我升华，这给我们某种启示。既然混血能够造就更智慧、更美貌的人类，既然我们在现阶段如此努力地追求 P2M（人机交互），那么未来，是否是一个人机混血的时代呢？

终极的较量，出现在第一种和第三种可能之间。

如果可以选择，人类大概会把票投给第三种可能。尽管，在这种模式下，大多数人会因丧失价值而被抛弃。但至少一部分精英代表广大人类延续了基因，而这些基因又同机器的基因序列进行混合，形成了一个更强大、更智能的人机混血新时代。

这种混血，目前已经有了相应的产业："人类增强"产业。对此，科

技前沿的看法是，在接下来的 30 年里，科技将带领人类突破人类潜力的极限甚至生物的极限。由 IOT 连接的可穿戴设备把与实时有关的信息直接打入我们的感官中。外骨骼和与大脑连接的假肢将会使我们变得更加强大，为老弱病残恢复移动力。

装有探测器和嵌入式计算机的隐形眼镜或者被永久植入在体内的装备将给我们带来可以穿墙的听力，天然夜视，以及可以嵌入虚拟和增强现实系统的能力。益智药将会扩大我们的思维能力，改变工作和学习的方式……纳米机器人会在我们身体中进行感染细胞的清除和修复工作，肉体成为系统软件的载体，而最终肉体也将被抛弃，系统软件和网络神经伴生，形成新人类的"总操控室"。

人类的尽头，就是 P2M 的高级存在。

人类终于消灭了自己，和"心爱"的机器完成"合体"，这也许就是关于人类宿命终极 LINK 的最好想象。

这一天，也许不必等待太久。

○ 文明的未来

伴随人类自身命运扑朔迷离，文明的未来又在哪里呢？

在《三体》这本书中，程心为了保存人类文明，在最后时刻将之封存在一个小宇宙中。因为这几公斤的重量，整个宇宙毁灭了。虽然原著中并没有写出来，但这个悲剧的结果似乎就是小说中引申的含义（程心的人设更像个世界终结者，第一次发善心，毁灭了地球；第二次发善心，毁灭了太阳系；第三次发善心，毁灭了全宇宙）。

第五章
玩商，LINK 的 IOE 时代

作者安排这个情节，想要传达的就是，文明，哪怕是整个人类的文明，也有自己的出生和死亡，当死亡来临时，文明能做的就只能是告别。

就像亿万年以来，人类都在循环的生老病死一样，即使最终生命被机器所取代，那也没有什么好遗憾和惋惜的，在人类作为食物链顶级角色的几千年时间里，其他物种也并没有得到什么特别的优待。这个世界每60秒就有一个物种在地球上消失，这是由德国公司 S&F 为 Bund（德国环保网站）做的公益广告，我们在电视上看到秒针拨动物种消失的画面时，感觉震撼人心。但是，物种的出现和消失，本身就是大自然的一个组成部分，就像恐龙，它们从霸主到消亡的原因，并非因为人类滥砍、滥杀、滥用农药和污染环境。

当 AlphaGo 战胜柯洁的信息通过网络秒速传播并引来一片哀号的时候，我们看到虎嗅上发表了一篇有趣的评论，名曰《他哭起来，好像大圣啊》[1]。在文章中作者表述了这位少年天才艰苦卓绝的训练历程，虽然最终败给AI，但在文章的末尾，这位虎嗅首席评论员伯通先生写道："'大圣，此去欲何？踏南天，碎凌霄。若一去不回……便一去不回！'哪怕大圣被让3个子都输了，但有谁会爱上如来佛呢？"

是的，人类就像那只猴子，虽然注定要被佛祖所灭，可是活在我们心中依然是那个玩世不恭的猴子啊，我们要做成的也是那只猴子呀。

为什么？

这就是活着的意义，没有原因。

所以，作为人类的我们，不要为所谓的文明去留"杞人忧天"。人最

---

[1] 参考资料：虎嗅网，伯通：《他哭起来，好像大圣啊》。

应该做的，就是过好自己精彩的一生，不留遗憾，最后心怀满足地接受死亡。

关于这一点，最为古老的东方文明早就给出了答案。两千多年前，先秦思想家庄子写下"伟大诗篇"——《逍遥游》。

宇宙无穷无尽，一切有无相生，既然如此，又何必执着于有。

该消失的自会消失，该留存的自会留存。

这就是文明的未来。

了解这些关于未来的"畅想"，并不能改变我们的终点，但是，却能够改变从此刻到终点的轨迹。

后 记

我们试图在这本书里重新解读世界,而不仅仅是很多人惯常喜爱的"财富教育"。

如果把商业看作是一种逻辑的话,财富只是其中很小的一部分。这就是为什么在书里写了一些看似"不相干"的内容。

我们相信,世界是一个整体,辽阔而远大。特别是看过纵贯千年的进化历程之后,我们惊奇地发现,原来在人类社会伟大而漫长的进化过程中,LINK 效能竟能单独成线,就像麦特卡夫定律一样,我们也发现 LINK 越频繁,社会效率就越高,财富效率也越高。特别是从大航海时代之后,人类的社会化步伐就突然豁然开朗,在几百年的时间里,将自己改造得翻天覆地。

从最为原始的人与人的交互、陆地与陆地的交互,到人和机器的交互、数据和数据的交互,我们周围的一切 LINK 得越来越紧密,直到 IOE 时代的到来。那里可能是人类的终点,也可能是一个起点。在此点到彼点的进程当中,LINK 的方式在变化,而每一种变化都像推倒的一块多米诺骨牌一样,带来财富和权力的迁徙。这种迁徙,给我们的社会发展带来无穷的想象空间，在过去，我们社会的权力构成以及财富方式，都被互联网进行了一次重置，未来，这一切还将被新的技术，如区块链；新的应用，如IOT，IOE；新的商业模型，如G2G……所重新构建。

在本书截稿之时，中国经济正处于一个艰难的"拐点"之上，我们看到过去十年的经济引擎：房地产，正在让渡头把交椅位置。而伴随日益增高的劳动力成本和居高不下的资金、税务成本，中国吸引世界资本的价值洼地正在逐渐消失。2015年以来的股市仍在持续崩溃中，在历经千股跌停和集体大溃败之后，指数低位徘徊，信心极度匮乏，振奋人心的起色亦不知何时才能出现。与此同时，亚洲投资银行和"一带一路"的高端活动不断刷屏，国际舞台上跃跃欲试的"表演"，又总在"明示"一个大国崛起的辉煌蓝图。我们是应该相信东方世界的"中国梦"，还是应该在放缓的GDP面前冷静沉思？

用我们的眼光来看，似乎不必过于担心，中国经济总体上还存在巨大的LINK红利。为何有这样的判断？很简单，尽管我们的互联网发展在某些方面甚至走在世界前沿，如移动支付。但也不得不承认，在更多方面，我们的LINK效率仍旧低下，臃肿、多层媒介、重复劳作充斥在社会生活的各个阶层，"我妈是我妈"式的LINK阻力，还普遍存在于经济商贸各个链条当中，损耗效能。

尚且记得4年前由余额宝掀起的中国"普惠金融"运动时，市场感受到的是何等的狂欢。互联网金融的双生花P2P和众筹也忽如一夜春风来，摆脱银行、小贷、典当、PE/VC等传统融资渠道，以显著的脱媒特征，在高门槛、高监管、牌照化的金融领域，为融资和新金融打开了一扇全市场化竞争的发展格局，这是近年未曾有过的。当然，狂欢已经在逐步严格的

后 记

监管环境中结束了，但普惠金融的精神和其中的优秀代表得到了巨大发展，直接 LINK 带来的科技金融效率震惊传统金融。

余额宝是其中的佼佼者，经过短短 4 年发展，已经是全球最大的货币市场基金，截至今年 3 月底，管理资产规模达 1.14 万亿元，无论基金规模、用户数量都遥遥领先同业。据余额宝 2016 年年报，该基金持有人达到 3.25 亿户，其中个人投资者占 99.72%，机构投资者 0.28%。

这仅仅是整体经济中一个小领域释放 LINK 产能的案例。曾有一位久居日本的朋友来到北京后，在尘土飞扬的某郊区发出感慨：中国真好，处处充斥着未开发之地！是的，从这个意义上说，我们仍旧处于"最好的时代"，原因就是因为这个时代不够好，我们反而能分享社会整体优化升级的种种红利。也许，我们就是最幸运的那一代，经历的都是推陈出新、蒸蒸日上和日新月异，在这样充满生机的世界里沉浮，又怎会乏味！

人们说，有趣，是生命的一种重要能力。而我们，恰好活在一个有趣的大时代里。

所以，我们乐于见到那么多的不足，乐于去思考关于大千世界的一些道理，乐于用我们自己的方式去重新解读我们看到的辽阔和远大。这一切，最终不但会帮助我们 LINK 财富，更重要的是，可以帮助我们自内心深处 LINK 自由、满足和宁静。

应该说，世间任何一种哲学或者道理，都是为了解读这个充满奥妙的世界，以使自己通达。

这些智慧，在东方哲学语言中，称之为"道"。

在物理学家的语言里，称之为"能量守恒"。

生物学家的语言里，则称之为"进化论"。

而在我们的语言，就是"LINK 定律"。

我们深信，LINK 创造价值，创造了昨天，也会创造明天。

最后，感谢所有为本书面市付出劳动和智慧的朋友。感谢你们！

李利珍

2017 年 7 月

参考文献

1. （美）卡尔·齐默.演化著：跨越40亿年的生命记录.唐嘉慧译.上海：上海人民出版社，2011.

2. 刘文献，李利珍.众链.北京：中国财政经济出版社，2017.

3. （英）约翰·D.巴罗著.无之书：万物由何而生.何妙福，傅承启译.上海：上海科技教育出版社，2003.

4. （英）克拉潘著.现代英国经济史（上卷）.姚曾廙译.北京：商务印书馆，1977.

5. （美）斯塔夫里阿诺斯著.全球通史.吴象婴等译.北京：北京大学出版社，2006.

6. 邬沧萍.世界人口.北京：中国人民大学出版社，1983.

7. 钱乘旦.英国史论文集.北京：生活·读书·新知三联书店出版，1982.

8. （意）卡洛·M.奇波拉主编.欧洲经济史（第三卷）.北京：商务印书馆，1988.

9. （美）史蒂文·约翰逊著.伟大创意的诞生：创新自然史.盛杨燕

译.浙江：浙江人民出版社，2014.

10.（美）雷·库兹韦尔著.奇点临近.李庆诚实，董振华，田源译.北京：机械工业出版社，2011.

11.余志国.世界金融五百年（上）.天津：天津社会科学院出版社，2011.

12.（美）小艾尔弗雷德·D.钱德勒著.看得见的手：美国企业的管理革命.重武，王铁生校.北京：商务印书馆，1987.

13.（美）麦克尼尔著.世界史.施诚，赵婧译.北京：中信出版社，2013.

14.郑伟民.衰落还是复兴：全球经济中的美国.北京：社会科学文献出版社，1988.

15.余志森.美国史纲.上海：华东师范大学出版社，1992.